# 短视频营销实战

爆款内容设计+粉丝运营+规模化变现

吴海涛 | 编著

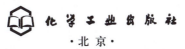

化学工业出版社

·北京·

近两年，继微博、微信、直播之后，短视频已成为新的流行趋势。抖音、快手等App在短时间里迅速成为许多人手机中的热门应用，用户数量及活跃度猛增，也造就了一批网络红人，实现了很多普通人的"明星梦"。

本书依托目前主流的短视频平台，通过不同领域的大量具有代表性的案例，介绍了短视频的内容定位、拍摄+后期技巧、内容分发、数据驱动、粉丝运营、规模化变现、品牌营销等知识。内容丰富实用，语言通俗易懂，双色图解的形式更加直观、便于理解。

本书非常适合新媒体运营人员、短视频爱好者以及想要利用短视频来进行营销推广活动的商家阅读使用。希望本书可以为读者带去一些新的思路，帮助大家及时抓住短视频的风口和红利。

## 图书在版编目（CIP）数据

短视频营销实战：爆款内容设计+粉丝运营+规模化变现/吴海涛编著. -- 北京：化学工业出版社，2019.7
 ISBN 978-7-122-34228-7

Ⅰ.①短… Ⅱ.①吴… Ⅲ.①网络营销 Ⅳ.①F713.365.2

中国版本图书馆CIP数据核字（2019）第059459号

---

责任编辑：耍利娜
责任校对：张雨彤　　　　　　　　　装帧设计：王晓宇

出版发行：化学工业出版社（北京市东城区青年湖南街13号　邮政编码100011）
印　　刷：三河市航远印刷有限公司
装　　订：三河市宇新装订厂
710mm×1000mm　1/16　印张15　字数241千字　2019年8月北京第1版第1次印刷

购书咨询：010-64518888　　　　　　　售后服务：010-64518899
网　　址：http://www.cip.com.cn
凡购买本书，如有缺损质量问题，本社销售中心负责调换。

---

定　价：58.00元　　　　　　　　　　　　　　　版权所有　违者必究

# Preface 前言

随着新媒体行业的高速发展,短视频一骑绝尘火爆新媒体市场,并且在不断升温,短视频营销生态也愈加完善。在这种发展趋势之下,短视频成为广告主非常喜爱的营销方式之一,短视频的运营也因此朝着越来越专业化的方向发展。

抖音、快手等短视频平台迅速崛起,其中的内容深受广大用户喜爱。刷抖音已成为很多用户每日必备的消遣活动之一。与此同时,天猫、唯品会等电商凭借短视频进行营销,销售额急速增长。短视频营销的成功正是由于巧妙地运用了其强传播特性,进而刺激用户的消费需求。一条优质的短视频能够在最短时间内最大化发挥作用,迅速吸引大量用户的关注。但是短视频内容如果未能准确把握用户痛点,营销恐怕也难以取得预期效果。

短视频发展的时间较短,还没有形成一个成熟的操作体系,因此在实际运用过程中,不少营销活动由于经验不足、缺乏创意、受众不精准等原因导致效果不理想。比如由于对短视频平台的特点了解不足,选择了与内容契合程度较低的平台进行内容分发,导致最后推出的短视频播放量远比预期要低,极大地影响了营销效果;又或者由于对目标受众的选取不够准确,导致在内容营销路线制订上出现偏差,营销内容无法精准到达目标受众手里。

针对这些痛点，本书从心理学分析、内容创意、内容制作、内容分发、粉丝运营、品牌合作等多个维度提供了一些建议。本书在编写时遵循了以下3点原则，以便让读者了解得更为透彻。

### 1. 内容全面，详略得当

本书主要从短视频生产制作和具体运营两大方面进行系统的讲解，内容层层递进，对短视频营销中的各个方面进行了具体分析，舍弃了无实际应用意义的内容，详略得当，更具实用性。

### 2. 易理解，案例多

本书通过分析大量的案例样本，让读者全面了解短视频营销的精髓以及变现的渠道。为了使内容更容易理解，本书中运用大量的图表来呈现内容的逻辑关系。同时，对一些专业术语、行业名词，书中也进行了具体的解释。

### 3. 实用性强，对短视频团队和广告主有借鉴意义

本书运用了大量实际案例来讲述如何生产内容和定制广告，让营销更加符合受众需求，使短视频广告营销更生动有效。除此之外，本书还为短视频工作人员提供了大量的原因分析、具体做法等，以使短视频团队花费较少的精力掌握短视频内容制作的技巧。

本书希望能够通过讲述短视频营销所需要的内容生产、运营、变现等问题来解决营销效果不佳、无法实现预期目标的困惑，期望读者在阅读本书之后能够获得实际性的指导，为短视频营销工作带去帮助。

编著者

# Contents 目录

## CHAPTER 1
## 短视频爆红背后的技术及心理学基础

1.1 如火如荼发展中的短视频 2
    1.1.1 已成互联网时间黑洞的短视频 2
    1.1.2 单个时间越短的短视频对内容爆点密度要求越高 5
1.2 短视频爆红背后的心理学基础 8
    1.2.1 爱刷短视频行为背后的生动性偏见心理 8
    1.2.2 利用积极反馈机制实现短视频"上瘾"实战策略 11
1.3 顺应趋势做好短视频营销的两大基本原则 14
    1.3.1 内容原生化+数据驱动运营 14
    1.3.2 主动触达用户并让用户更主动 17

## CHAPTER 2
## 短视频内容定位：蓝海创业更易成功

2.1 内容方向定位：提供让更多用户喜欢的标签 24
    2.1.1 利用数据分析找到更受用户欢迎内容方向的实战方法 24
    2.1.2 当下更受用户欢迎的7类短视频内容标签 29
    2.1.3 短视频博主人设定位选定技巧 33
2.2 展现形式定位：巧妙利用视觉记忆力 38
    2.2.1 短视频展现形式的3种常见类型 38
    2.2.2 如何策划出更受大众欢迎的短视频展现形式 40
2.3 持续产出能力：打造稳定的内容产出机制 43
    2.3.1 短视频运营团队常见分工方式 43
    2.3.2 实现短视频创作流程机制化实用办法 46
2.4 短视频内容创意策划案落地实操 50
    2.4.1 短视频内容创意脚本撰写中的关键点 50
    2.4.2 做好短视频情感融入与把握展现节奏的黄金法则 53

## CHAPTER 3
# 拍摄＋后期：
# 低成本拍出合格短视频内容实战攻略

### 3.1 经费与拍摄器材间的取舍 56
- 3.1.1 多少经费预算才可以开始短视频创业之旅 56
- 3.1.2 拍摄装备选择与简单影棚搭建实战要点 58

### 3.2 短视频内容拍摄实战技巧 61
- 3.2.1 手机拍出更好画质的4点设置技巧 61
- 3.2.2 8种更具美感构图方式间的选择 63
- 3.2.3 拍摄过程如何利用分镜头使内容更加流畅 66

### 3.3 短视频后期制作实战干货 68
- 3.3.1 手机端简单视频后期处理工具推荐 68
- 3.3.2 PC端视频后期处理软件使用要点 70
- 3.3.3 短视频配乐及背景声选择技巧 72
- 3.3.4 短视频logo及片头片尾设计实战方法 73

## CHAPTER 4
# 内容分发：
# 各短视频渠道高播放量分发技巧

### 4.1 两大短视频平台类型在内容分发上的特点 78
- 4.1.1 订阅导向短视频分发平台特性 78
- 4.1.2 推荐算法导向短视频分发平台特性 80

### 4.2 如何选择适合自身内容的短视频分发渠道 82
- 4.2.1 短视频内容定位与平台特性间的契合度分析 82
- 4.2.2 不贪多，各分发渠道取舍原则 85

## CHAPTER 5
# 数据驱动内容运营：
# 短视频成为爆款的关键

5.1 搞懂推荐算法：短视频数据运营要点　90
　　5.1.1 平台进行算法推荐的基本流程　90
　　5.1.2 短视频内容获得更高推荐量的8个数据维度　92
　　5.1.3 短视频内容如何成为编辑精选　94
　　5.1.4 各大短视频平台推荐机制间的不同点　96

5.2 利用平台数据持续优化短视频内容实战攻略　99
　　5.2.1 标题：长度20～30字标题更易获得高推荐量　99
　　5.2.2 关键词设置：关键词越明晰系统越易推荐　101
　　5.2.3 高频词：5类最能吸引浏览者注意力的高频词　103
　　5.2.4 封面：高点击率短视频封面具备的3大特点　105
　　5.2.5 发布时间：平台大数据下的最佳发布时间段　107
　　5.2.6 完成度数据：依据用户特点优化视频时长及剪辑节奏　109
　　5.2.7 分析模型搭建：模式化分析流程全团队掌握快速迭代　111

## CHAPTER 6
# 短视频粉丝运营：
# 具备众多拥趸才有无限可能

6.1 短视频涨粉：让更多用户订阅的实战技巧　116
　　6.1.1 短视频博主实现快速涨粉的3个黄金法则　116
　　6.1.2 【案例】"乡野丽江"一条短视频涨粉5000背后的诀窍　119

6.2 推广涨粉：多维推广加速自然涨粉过程　122
　　6.2.1 进行短视频内容推广的4个目的　122
　　6.2.2 短视频账号推广3大实用技巧　124

6.3 粉丝运营：如何不断增强粉丝黏性　127
　　6.3.1 线上短视频粉丝运营的常见形式　127
　　6.3.2 线下粉丝活动运营实战策略　130

## CHAPTER 7

# 规模化变现：
# 短视频赚取不菲收益实战攻略

### 7.1 短视频常规流量变现方式　134
- 7.1.1 平台广告分成＋打赏变现　134
- 7.1.2 广告分成收益更高的独家签约模式　137

### 7.2 短视频博主可扩展变现方式实战策略　140
- 7.2.1 短视频账号内容付费变现实战技巧　140
- 7.2.2 如何做好收益不菲的品牌定制广告　143
- 7.2.3 短视频内容电商实现更高卖货转化率实战要领　149

### 7.3 打造MCN体系进行规模化变现　152
- 7.3.1 什么是MCN体系　152
- 7.3.2 短视频同体系账号相互引流，打造营销矩阵实战攻略　155
- 7.3.3 建立流程化账号打造体系，规模化变现实战方法　158

## CHAPTER 8

# 品牌短视频营销：
# 企业如何搭上短视频营销快车

### 8.1 品牌短视频营销获取高关注度3步走　164
- 8.1.1 基于社交话题引爆用户群的短视频内容　164
- 8.1.2 做好品牌短视频内容传递场景故事化实用技巧　166
- 8.1.3 品牌如何利用KOL资源搭建情感纽带　168

### 8.2 品牌短视频营销保持日常热度的4个常用话题方向　171
- 8.2.1 产品话题：不断变换样式宣传产品仍是营销重点　171
- 8.2.2 传播话题：产品＋当下热点借势营销　173
- 8.2.3 日常话题：保持品牌话题热度的6个常用营销点　175
- 8.2.4 深度互动：感动用户促进下单、提升品牌影响力实用方法　178

### 8.3 品牌创意短视频营销经典案例解析　181
- 8.3.1 【案例】优衣库轻薄羽绒服创意短视频营销案例分析　181
- 8.3.2 【案例】淘宝二楼：从植入式营销到定制短视频营销的转变　184

# CHAPTER 9
# 不同领域打造爆款短视频账号实操策略

## 9.1 美食领域短视频3大类型爆款案例分析　188
### 9.1.1 生活美食："日食记"诗意生活短视频案例分析　188
### 9.1.2 美食探店："吃货请闭眼"的探店爆红之路　192
### 9.1.3 非寻常路美食：主打创意化美食的"办公室小野"案例分析　195

## 9.2 充满流量红利的三农领域如何打造爆款账号　199
### 9.2.1 渠道下沉带来流量红利的三农短视频　199
### 9.2.2 【案例】年入上百万"我是张大勇""我是小熙"爆款案例分析　201

## 9.3 影视剧解说短视频爆款IP打造策略　204
### 9.3.1 吐槽恶搞＋经典诠释＝爆款　204
### 9.3.2 【案例】"阅后即瞎"成为粉丝观影重要参考背后的创作套路　206

## 9.4 拆箱短视频爆款打造要领　210
### 9.4.1 新产品与不常见产品开箱评测最有传播度　210
### 9.4.2 【案例】ZEALER科技产品开箱评测短视频生产流程　213

# CHAPTER 10
# 短视频营销的未来发展趋势

## 10.1 短视频红人电商仍有巨大机会　218
### 10.1.1 当下短视频平台纷纷上线店铺功能　218
### 10.1.2 实战短视频电商：不止于展示、试用的引导形式　222

## 10.2 KOL创意众包背后的掘金机会　226
### 10.2.1 短视频大号借由创意分发平台获得订单运作流程　226
### 10.2.2 垂直领域大号更有获得品牌营销订单机会　228

# CHAPTER 1

# 短视频爆红背后的技术及心理学基础

短视频的作者遍布社交媒体，用户涵盖各年龄段群体，短视频正在风靡全世界。除了社交网络给短视频营造了宣传态势之外，短视频的崛起与其背后的技术支撑、心理应用都有着密不可分的关联。云计算的出现让大量的计算需求得以解决，视频技术的成熟让视频编码、转码和解析能力不断加强，多种技术交织在一起，作为支撑短视频快速发展的动力。而利用心理学基础来不断设计短视频的功能与内容，同样也是短视频爆红的原因之一。

## 1.1 如火如荼发展中的短视频

根据相关机构统计数据显示，短视频行业在2018年7月的MAU（Monthly Active Users，月活跃用户数量）达5.08亿，同比增长高达79.5%。另外，在移动互联网用户使用总时长中，短视频用户使用时长占了9.2%，成为所有细分行业中的第三名。走过了潜伏期、成长期的短视频行业，如今已经进入了内容合规建设的爆发期，成为流量的新高地。一时之间，短视频行业的发展如火如荼。

### 1.1.1 已成互联网时间黑洞的短视频

如今的短视频是建立在碎片化的基础上而出现的，用户只需要滑动手指来点击查看十几秒的视频内容，本应是通过抢占用户的碎片化时间来获取流量。然而使用过短视频的用户可以发现，很多人一看就根本停不下来，短视频类App也因而成为消磨时间的App，从各大社交软件中抢占了大量用户，成为新的"时间黑洞"。

对此，许多网友深有体会。有一位网友留言表示，下载某火爆的短视频App时刚好是周末，原本只是出于好奇的心理，打算了解一下便继续工作。然而一刷起来根本就忘了时间，再一看的时候已经到了午饭时刻。不少网友对此表示感同身受，短视频类App在无形之中已经成为占用他们时间的主要App。

短视频的诞生让微博、微信等社交平台的流量大量流失。本质上短视频与微博、微信等社交平台并非属于同一维度,然而在用户停留时间上,这一类社交平台却已经远远不及短视频。短视频之所以成为互联网界的"时间黑洞",抢夺大量用户,必然有其魅力所在,主要体现在4个方面,如图1-1所示。

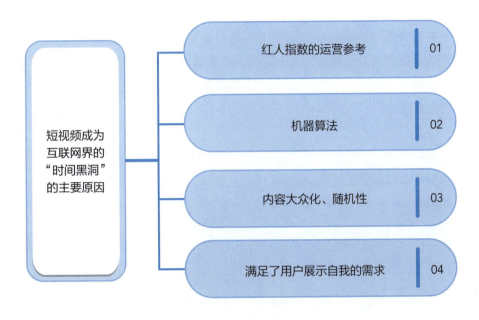

图1-1　短视频成为互联网界的"时间黑洞"的主要原因

#### (1) 红人指数的运营参考

红人指数是指在一些专业的视频软件、网站中,用户在30天之内所发布的视频的数量等指标,属于定期性质。红人指数是用来衡量视频博主本身的运营能力以及用户活力的重要指标,同时也是短视频平台活跃度的根本体现。只有不断地更新内容,才能吸引更多的用户,短视频软件也会因此而快速传播出去,实现良性循环。而以红人指数作为指标,短视频平台所创作的内容远远比其他平台要多,因此更具吸引力。

#### (2) 机器算法

微信朋友圈或者是公众号所展现出来的内容基本上属于"订阅式",看多了同样类型的内容之后，用户会逐渐失去新鲜感，而微博的"半订阅式"内容推送也同样让用户逐渐失去耐心。在碎片化的时间下，用户越来越渴望能够迅速获得自己想看到的内容。

> 当红的短视频平台以抖音、快手为首，二者都是基于算法而形成的"千人千面"内容推送体系，对用户进行精准推送，因此用户所看到的内容，基本是自己想要看到的。对此，有人是这样形容短视频的算法的："我点了一次薯条，然后就每次都为我推送薯条，不仅如此，还送来了土豆全家桶。"

短视频平台定位于细分领域用户群，同时利用算法的优势来打磨产品，进而吸引用户不断观看自己所感兴趣的内容，占据用户时间，成就了短视频平台稳固的流量模式。

### (3) 内容大众化、随机性

与高高在上的晦涩难懂的内容相比，短视频中的大部分内容属于调剂品，既简单直白又搞笑接地气，总体而言比较大众化，对于各大群体都具备一定的吸引力。对此，有的网友认为："毕竟如今工作生活压力大，真正具有幽默感的人越来越少，我们需要这种简单的刺激，让我们一下子兴奋起来，乐呵起来，而且能让人觉得自己在被人关注，又在给人带去快乐。"

此外，短视频内容的自生产具备随机性，是大多数年轻人喜欢的属性。这种随机性能够形成短视频的无限可能，短视频会因为这种随机性而不断开发新的玩法，并且寻求新的突破，让用户获得更多惊喜。

### (4) 满足了用户展示自我的需求

使用短视频的用户群体中，以"90后"用户为主，同时"00后"也占了相当大的比例，这类年轻用户在思想性格上比较自我，往往希望能够通过表现来获取关注度以及认可，而短视频平台在一定程度上是迎合了这类群体的心态，自然能够获得用户的青睐。

除此之外，有的短视频下面会设置评论功能，不少用户虽然自己不发内容，但是会在别人的视频下评论留言：求翻、翻我等，以此来展示自己，有时候甚至会出现短视频内容本身不够火，但是评论火了的情况。

各大互联网巨头无一不是在吸引用户的注意力，进而抢夺用户。短视频所具备的特质满足了大部分用户娱乐放松和展示自我的需求，占据了用户的时间后自然能够开辟新的战场，这也就是短视频成为互联网时间黑洞的原因。

## 1.1.2 单个时间越短的短视频对内容爆点密度要求越高

我国的媒体环境日渐趋于碎片化，用户接受信息的渠道也是多元化的，传统的信息投放方式能够覆盖的目标群体越来越少，需要更碎片化、垂直化、及时性的投放方式，这也是市场发展及精细化运营发展的必然选择。

从2013年开始，短视频类App开始出现，点燃了星星之火，经历了3年的用户积累，在2016年实现爆发。直至2018年，无论是国内还是海外，短视频依然处于风口，在各个方面实现持续并且快速的增长。与长视频相比，短视频以"短平快"的呈现方式出现在大众面前，并且快速占领用户的碎片化时间，本身自带的社交属性更是能够帮助其实现二次传播。除此之外，智能手机的普及以及移动互联网的发展更像是一阵东风，帮助短视频发展成了燎原之势。

由此可见，短视频符合当代用户的需求，在移动化以及社交化的交互下，已经成为当下备受瞩目的内容形态之一。也正由于这一特质，用户越来越迫切希望能够通过短视频来获取更多更创新、更刺激、更有趣的爆点内容，否则难以维持用户对短视频的忠诚度。尤其是单个时间越短的短视频，由于呈现的信息量较少，用户只能不断获取信息来满足自己的需求，这就要求在固定时期内营造的内容爆点密度要不断增加。因此，短视频平台需要不断创造用户眼中的内容爆点，以此来增加爆点密度。短视频所需营造的爆点通常情况下可从5个维度来分析并且打造，如图1-2所示。

图1-2　从5个维度来打造短视频爆点

### (1) 从内容和题材来看：获得大量播放量的4种题材

根据不完整调查结果显示，短视频播放量最高的是占比28%的时政类，其次是占比26%的娱乐类，另外社会民生与情感类分别占比16%与13%。由此可见，时政类并不像大家所想象的索然乏味，关注的用户还是比较多的；而娱乐类短视频由于其自带的流量属性而广受青睐；社会民生类与用户生活息息相关，接地气的呈现方式也同样能够吸引用户眼球；情感类则能够引起许多年轻用户的共鸣，播放量也相当不错。

除此之外，在确定话题之后，以独特的视觉来进行开发也是十分重要的。策划是创作的灵魂，找到能够引发用户共鸣的视觉尤为重要。以时政类短视频为例，所有高播放量的短视频都具有策划独特、制作精良的特点。

### (2) 从短视频时长来看：各类短视频各有不同

快手CEO宿华曾经表示："短视频应该多长，最后还是应该由市场和用户说了算。"针对不同的短视频平台、不同的呈现内容，时长标准自然也不一样。微博的秒拍一般控制在15秒以内，而快手则认为短视频在57秒左右是最合适的，但今日头条则将标准定义在4分钟。这些标准并非是凭空捏造，而是短视频平台通过定位目标受众后，再进行无数次测试和分析而制订出来的最佳标准。

比如，微博秒拍针对的是普通UGC（User Generated Content，用户原创内容），适合用户记录心情而使用；而快手的目标人群是"90后"甚至"00后"，他们在UGC上的语言表达是具备一定习惯的，快手是针对这一点而制订出来的时长标准；今日头条是针对PGC（Professional Generated Content，专业生产内容），必须将内容完整呈现出来，因此4分钟对其而言更为合适。

总之，从短视频时长来看并没有统一标准，但整体而言，UGC类短视频可以控制在1分钟以下，而一个相对完整的PGC类短视频则需要4分钟左右。

### (3) 从制作方法来看：传统的制作手法也是不错的选择

制作方法并非成为爆点的必要条件，但是能够让内容爆点锦上添花。UGC类短视频通常使用手机拍摄即可，但是PGC类的短视频如果用传统的手法来制作，往往能够获得更高品质的内容。从总体数据上来看，用传统的制作手法完成的短视频（以PGC类为主）比平台型短视频机构所制作的内容（以UGC类为主）获得的播放量更高。

#### (4) 从平台播出状况来看：平台的助推影响短视频的传播

短视频想要成为爆点内容与平台的播放量也是相关的。在众多短视频平台中，秒拍的播放量目前还是较占优势的。在2018年4月秒拍平台的播放量排行榜中，前7条视频播放量达到6000万以上，也由于这一平台所具备的高播放量，在各大短视频平台播放量的排行榜中，这7条在前10名中统统上榜。由此可见，内容爆点还需要借助平台的力量来推广。

#### (5) 发布者状况：传统媒体和自媒体是爆点短视频的主要发布者

根据相关数据统计，短视频发布者可分为4种类型，每一种类型所占比例如图1-3所示。

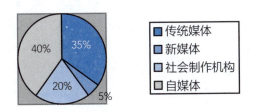

图1-3 短视频发布者4大类型所占据的比例

综上所述，短视频的内容爆点需要策划精良、视角独特，同时从符合相应用户的使用习惯时长出发，结合优良的制作方法，再借助平台的力量与发布者的影响力，在这5个维度的辅助下，短视频才会保持高流量与高热度，将蕴含的巨大商业价值发挥出来。

内容的爆发能够促使用户关注热点的转换，也是短视频平台脱颖而出的关键之一。因此，各类短视频平台需要与用户保持持续的互动，以此来获取用户的注意力与忠诚度。这就要求无论在任何情况下，对用户进行深度洞察都是第一位的。

## 1.2 短视频爆红背后的心理学基础

在互联网的大范围普及下,短视频迅速发展并且持续火爆,形成典型的网络现象,对许多用户的生活都产生了较大的影响。短视频的主要参与者是网民,短视频行业之所以能够异军突起,自然与网民也是相关的。短视频是用户基于自己的需求而选择的内容活动,这是用户参与短视频的心理学基础之一。另外,受到外界因素的影响,自然而然也会有更多用户被动参与其中。短视频平台如何基于用户的心理来引导用户更深入地参与其中,也是值得研究的重要问题。

### 1.2.1 爱刷短视频行为背后的生动性偏见心理

在20世纪70年代,艺术家安迪·沃霍尔曾经预言:"每个人都可能在15分钟内出名,每个人都能出名15分钟。"今天,随着短视频的火爆,一个人出名可能只需要15秒。

在短视频中,一个人有可能因为一段手指舞、一句翻唱而出名,也有可能因为吐槽了某些现象而出名,甚至因为一句普通的话语意外走红,成为人们竞相模仿的对象。

正是因为短视频能够造就意外结果,符合年轻用户想要受到关注的心理,所以受到了更多年轻用户的欢迎。抖音短视频的负责人曾表示:"抖音85%的用户的年龄在24岁以下,主力达人和用户基本都是"95后",甚至"00后"。"很多年轻用户一有空便拿起手机刷短视频,一刷起来就停不下来,甚至有些"上瘾"。从心理学上分析,用户爱刷短视频的行为背后还蕴藏着其他心理,主要体现在以下5个方面。

### (1) 情感寄托心理

在马斯洛需求层次理论中,明确指出人类具备社交、精神方面的需求,短视频平台恰恰能够填补部分用户的这一需求空缺,如图1-4所示。随着社会的发展,许多年轻人背井离乡前往更大的城市中拼搏,与之相对应的是难以言说的压力。而在陌生城市拼搏的道路上,工作占据大部分时间,能够交心的朋友较少,同时又需要在闲暇时间里解放自己的思维,此时短视频平台可以充当一个情感寄托的角色。

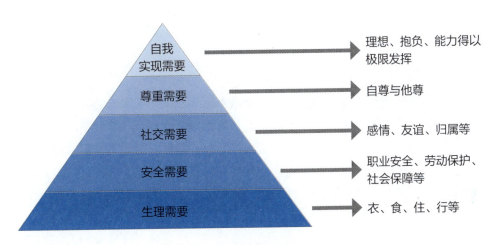

图1-4 马斯洛需求层次理论

大部分用户表示,通过看短视频可以产生情感寄托的心理。短视频所具备的分享与社交的功能,让用户能够关注自己所喜欢的内容发布者,看到喜欢的、感兴趣的内容可以分享给自己的好友,同时还可以留言评论,具备极强的互动性。而且短视频的时长较短,用户花费较少的时间便可以看完,非常有利于消磨碎片化的时间。

### (2) 审美、追星心理

"粉丝经济"的崛起恰恰说明当下年轻用户对于明星、网络红人等现象的支持与喜爱,甚至达到狂热的地步,同时这也代表着年轻人的审美追求,而这些心理特点完全可以通过短视频平台来实现。在各大短视频平台中,最常见的便是"高颜值"的男神、女神,同时不少明星也参与到短视频中来发布内容,记录自己日常的生活点滴,给用户增加了一条了解他们的路径。

### (3) 大众好奇心理

对于外界的事物,不少人都抱有好奇心,试图去窥探了解。短视频作为成千上万的用户发布分享途径,记录了各种各样刷新人们认知的事件,同时也记录了不少日常生活趣事。用户完全可以通过短视频平台来满足自己的好奇心理,在点开短视频后,基于对下一个视频内容的好奇,将会继续刷下去,形成爱刷短视频的行为。

### (4) 从众心理

从众心理是指在群体活动中,当大多数人倾向于某一现象或事物,而少部分人将会受到这些人的影响,在做出决定时产生动摇,放弃自己的意见与行为,表现出与大多数人所倾向的某一现象或事物相一致的做法。对此,有用户表示,自己对短视频并没有产生太大的兴趣,但是当身边的人都在刷,自己也只能去刷,以免落伍,这便是从众心理的一种体现。随着越来越多用户对短视频的使用,身边的朋友也将会受到影响。

### (5) 展示自我心理

每个人都想成为优秀的、备受关注的人,想要获得与众不同的人生,展示自我是一种很好的方式。尤其是当下的年轻人,具备明显的个性,渴望被人关注。各类短视频平台为他们提供了这一机会,让用户在平台中展示自己的技能、观点等。通过短视频平台,用户能够找到存在感。

基于以上5种心理,不少用户为短视频所着迷,进而产生了爱刷短视频的行为。能够准确利用这些心理进行营销的企业、商家,再结合一些有效的合理的宣传手段,能够让自己的营销水平更上一层楼。

## 1.2.2 利用积极反馈机制实现短视频"上瘾"实战策略

不少人在下载短视频类软件之后,发现这些软件简直是kill time(消磨时间)的杀手级产品,并且很容易"上瘾"。通过提取各类kill time短视频的共同特征,我们可以了解到它们在运营上都懂得如何利用积极反馈机制,进而形成一款令人"上瘾"的产品。

美国心理学博士亚当·奥尔特(Adam Alter)撰写了一本书,中文译名为《欲罢不能》。书中明确提出,产品可以通过积极反馈机制的6个方面来让用户产生"上瘾"行为,如图1-5所示。

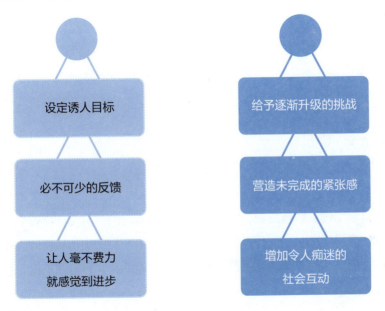

图1-5 利用积极反馈机制实现短视频"上瘾"实战策略

### (1) 设定诱人目标

短视频平台中形形色色的内容,比如美食、健身、旅游、化妆等,对于每一个细分用户来说都具备着吸引力。就像是游戏一定要通关、走路步数一定要第一一样,在短视频平台中也想要看完最新的内容,这些微小的目标等于用户的梦想,难度不高并且可以实现,用户自然会花时间投入其中。

### (2) 必不可少的反馈

　　Facebook（脸书）是社交应用中较早采取点赞按钮来进行反馈的平台，其创始人之一对此表示："每当有人给你的照片点赞或评论的时候，你便会获得一次'多巴胺'所带来的满足感。"同样的道理，短视频平台中也支持点赞功能，有的还会伴随着动态效果。比如，有的点赞之后会跳出一颗红心，有的点赞之后会出现"666"的数字，每一种动态效果都相当于给用户的反馈。而对于视频上传者而言，点赞数相当于一种奖赏，是用户予以鼓励的体现。这样得到积极正向的反馈，将会促使用户接二连三地进行这一件事。

### (3) 让人毫不费力就感觉到进步

　　如今的短视频平台中，用户不需要复杂的编辑操作，便可制作并且上传一个短视频。短视频平台会给用户提供现成的模板，用户只需要对口型、对动作等即可完成一个作品，完成后可立刻上传。再加上查看视频的用户的积极点赞，会让视频上传者产生一种"自己在进步"的感觉。

### (4) 给予逐渐升级的挑战

　　以抖音为例，抖音总裁张楠曾经表示："抖音的产品设计中有个好玩的功能叫作'挑战'，就是在用运营的思路创新产品的功能和特效，完成功能的冷启动。这个功能很多产品都有，有的叫话题，有的叫主题，其实就是让大家以一个主题去表现自己。"

　　挑战能够积极调动用户深入参与的积极性，而且对挑战进行分级，会让用户不断挑战更高的级别。这便相当于会员卡设置银卡、金卡、白金卡等级别，级别越高，诱惑越大，自然会有更多人参与其中。在不断升级挑战的过程中，用户所产生的竞争参与感、达到级别的成就感，也是使用户"上瘾"的必要成分。

### (5) 营造未完成的紧张感

　　电影《复仇者联盟3》一如反常，主角并没有像以往一样将反派打倒，反而纷纷败落，但也正因如此，更多的影迷迫切地期待电影的后续。这里采取的是"蔡格尼克效应"，是人类大脑连线需要"闭合"的体现。简单来说，就是一个人打算进行一件事时，会同时诞生出一套想要实现目标的紧张系统。这一系统将会随着任务的状态而变化，任务完成即解除，任务没有完成，紧张状态仍然存在。

由于短视频时间过短，不少上传者都不会用一条短视频便录入全部内容，而是让用户看到最后时意犹未尽，期待下一条短视频的内容。

### (6) 增加令人痴迷的社会互动

传统的视频播放平台往往是单向播放，用户只要查找自己喜欢的内容即可。而短视频中所设置的评论功能让用户与视频发布者有互动的机会，让用户可以表达自己的想法，对于用户而言是一种积极的正面反馈。

以上的积极反馈机制不断引导用户生产、上传、查看内容，并且环环相扣，培养出用户反复使用的行为。当用户完成一轮之后，触发分享，形成新一轮的"上瘾"流程。

## 1.3 顺应趋势做好短视频营销的两大基本原则

短视频成为移动互联网时代信息的主要传播载体之一，从营销的角度出发，以短视频作为广告营销的载体，无疑将会成为新兴的营销方式。广告主打算通过这一方式进行营销，从内容上要生产优质的原创内容，并且找到最合适的分发渠道来分发内容；从消费与评估上，需要深入挖掘用户，触达用户，并且抓取用户主动行为的数据来进行深度触达。

### 1.3.1　内容原生化 + 数据驱动运营

营销载体出现转变，通常表示出现了更多元化的发展方向。也就是说，可供匹配的营销形式也会随之发生转变。短视频作为最新的营销载体，能够匹配的营销形式在不断推陈出新。

**(1) 内容原生化代表了内容的变革**

通常情况下，好的营销效果的实现形式是在无形之中创造并且巩固用户对于产品的印象，并且引发认同转化为购买力。但是传统的营销方式以贴片形式为主，用户能够从中感知明显的营销性质，很难达到潜移默化的转变效果，而短视频的出现为这一目标提供了更大的可能性。以广告营销为例，为了确保用户能够接受并产生兴趣，广告营销需要做到内容原生化。

内容原生化代表了内容的变革，从这一层面进行分析，广告营销有必要并且有能力转换为短视频的内容形式并且呈现出来。众所周知，短视频具备轻量化、碎片化、制作成本低的特点，方便广告主直接进行操作，并且更容易吸引受众的注意力，营销效果更好。

与短视频相比，传统的广告营销中硬广、植入式软广都具有"扰民"的特性，影响用户体验。举个例子，如今综艺类节目在各大平台都备受青睐，但是无论是节目主持人还是嘉宾身边都围绕着植入广告的产品、标识。用户收看节目自然是为了看人，因此产品、标识也会出现在视觉范围内，形成视觉污染，久而久之便会导致用户的逆反情绪。这种方式不仅削弱用户体验，广告营销的效果也会随之被削弱。

另外，根据国外数据调查显示，76%的用户在面对视频广告时，停留时间通常达不到10秒，但也有一种例外情况。如果视频内容与用户的关联性较强，并且提供的内容质量优秀，能够鼓励用户参与其中，那么用户在面对视频广告时，停留时间将会超过30秒。在这种情况之下，广告主能够从中获得较高的VTR（View Through Rate，显示到达率）以及CTR（Click Through Rate，点击通过率）回报。短视频恰恰能够解决内容的"相关性"问题，有效打动用户，进而使其点击查看。

康恩都乐超级碗广告曾经在Facebook中风靡一时，是典型的内容原生化的代表。这支广告是完全由Vine制作的短视频广告，在美国橄榄球超级碗比赛的休息时间中投放出来，展现康恩都乐的"咖啡队"打败"奶昔队"的过程，可爱有趣的搞笑画面很快引起了轰动，其传播效果惊人。如图1-6所示。

图1-6　康恩都乐超级碗广告

CHAPTER 1　短视频爆红背后的技术及心理学基础

由此可见，内容原生化的广告营销与传统的广告植入营销相比发生了很大的变化。内容原生化的广告营销不再是单纯将广告植入其中，而是根据产品来生产内容，加强联系，达成"内容即广告"的宣传效果。

### (2) 数据驱动运营使最终的意图得以实现

广告主能够找到正确的受众，针对受众表达正确的意思，这便是最好的营销效果。想要实现这一目标，要求在最贴合的情境下给用户推送他们最想观看的内容，因此短视频平台需要进行有效分发。在分发决定生产的倒逼模式中，有效分发是这一模式的运营关键。

有效分发需要足够多的数据进行支撑，同时还需要足够强大的数据分析体系，才能找到真正直面用户的有效渠道，实现对用户"所见即所需"的推送。目前，能够实现这一要求的只有还在发展的算法机制，算法的领先能够挖掘用户的真实需求，让短视频平台所推送的内容朝着用户需求出发。另外，数据分析是基于用户行为而进行的，随着数据在营销中所占的地位逐渐加重，未来，数据或许可以让占互联网80%的长尾流量得到更加合理的解决路径。因此，互联网内容资讯平台都越来越看重算法的应用。

精准与黏性是营销领域中的两大目标，而能够同时满足这两个目标的仅有用户需求，因此用户需求也是短视频营销领域中最根本的需求。短视频营销的目标受众、用户需求都是需要通过数据来挖掘的，再通过算法分析而成。基于这一情况，数据的驱动力已经远比其他方面要重要，成为短视频平台营销中必不可缺的关键手段。

> 今日头条在图文类资讯平台中的优势正是算法渠道。随着短视频的快速发展，今日头条将算法延伸到短视频领域中，甚至成为短视频营销领域的"护城河"。比如，平安车险便曾在今日头条中发布了一条原生内容广告，经过今日头条的准确分发，这条广告内容获得了2000万的播放量。

除了今日头条，微博、Facebook、YouTube（优兔）等互联网平台已经开始致力于推动短视频营销的发展，并且将短视频领域视为未来营销的新增长点。美国市场调研机构的相关数据显示，在短视频领域进行广告营销，在份额增长速度上将会比其他媒体领域要快很多。也正因如此，Facebook一直在调整其网站设计，以便在未来短视频营销中能够更好地让广告主买单。

随着短视频的成长，我国的短视频原生内容是广告营销的新模式，因而也处于流量红利期中，不断有新的用户涌入短视频领域。红利期也就意味着转瞬即逝，大家都应该及时抓住这一时期，顺应趋势做好短视频营销。

## 1.3.2　主动触达用户并让用户更主动

技术不仅仅驱动了分发体系的转变，同时还驱动营销效果评估体系的转变。在短视频营销领域中，用户主动的行为数据已经成为衡量营销投放价值的重要指标。如今，单向的信息传播效果大不如前，甚至出现了"无互动、不传播"的现象。因此，曝光度、转化率已经不是当今时代营销的主要因素，针对用户主动行为的营销十分必要。

### (1) 传播：不患寡而患不均

在传统的社交媒介营销中，通常是广告主邀请明星、网红等知名人士利用自己的资源来进行营销。通常情况下，人气越高、粉丝量越多的用户能够获得越多的转发量，进而决定了产品的曝光率。因此，一些人气较高的明星等人即便发布的产品内容仅有寥寥几个字或一张图片，都有可能会得到大量转发，甚至成为平台热点内容。

短视频平台更重视内容的发布，采用合理的智能个性化推荐算法，以期能够让每一位用户接收到自己所感兴趣的内容。个性化推荐可以打破时间序列以及空间限制，让广告主的内容能够有效触达有需求的用户，目前也是各大社交平台逐渐采取的措施之一。短视频平台通过合理的推荐算法，广告主的广告作品能够获得相对平等的曝光机会，达到"不患寡而患不均"的局面，这也是短视频平台能够吸引大批UGC入驻的主要原因之一。

具体来说，短视频平台根据内容、话题、粉丝数、过往发布内容历史等数据来精准推荐给用户。首批用户进行播放、点赞、评论、分享等行为后所形成的数据，将会被短视频平台持续分析出推荐效果，才会再次进行推荐。

### (2) 优化：更短路径更高效率

在内容分发上，短视频平台遵循了"去中心化"原则，去中心化传播是让内容实现更快速传播的有效方式。以原生视频为起点，通过爆点内容来吸引用户围观，进而引导用户参与其中。用户在与广告主互动过程中能够对产品文化与理念有更深层次的认识，进而拉近用户与产品之间的距离。

CoCo奶茶便是一个通过短视频实现口碑传播，然后实现二次传播，最后甚至实现全面传播的经典案例。在短视频平台中，2个视频发布者的视频成为引爆内容，成就百万播放量；然后得到了42位跟随者的转发，获得了近千万播放量；最后参与者达到1900余人，引爆全网，而短视频中的这一款奶茶也成了"网红奶茶"，如图1-7所示。

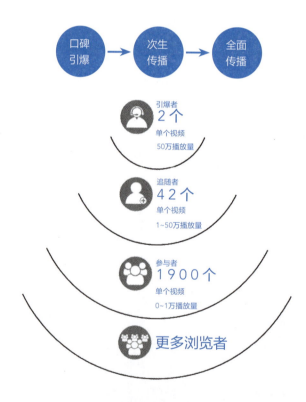

图1-7　CoCo奶茶在短视频平台上的引爆过程

CoCo奶茶的案例恰恰说明，短视频平台正在打破传统的"看到→注意→产生兴趣→搜索→行动"的产品传播、转化路径，让产品信息直接触达用户，通过更短的营销路径来提高产品传播效率，进而提升营销效果。

> "过去品牌和用户之间路径很长，从最开始让他看到、注意到，喜欢你，到最后转化，中间有很多不确定性，但抖音上基本可以概括成两个关键点：触达、驱动。基于这两点，官方搭建了整个抖音的营销平台，触达平台有云图系统作支撑，很好地分析数据，并且给流量管理和广告投放作支撑；驱动有星图平台作支撑，提供KOL（Key Opinion Leader，关键意见领袖）的自动化管理。中间通过技术驱动和内容驱动的方式把品牌和消费者做关联。"

在抖音短视频平台中，广告主可以运用云图对品牌实现高效管理，主要是通过黄金曝光资源，并且精准优选人群来进行智能投放，以此来帮助产品实现更好的流量管理。而星图是通过管理达人资源，比如海量聚合明星达人、持续输出优质内容等来实现对内容的高效管理，有利于高效触达用户。由此可见，抖音短视频平台是帮助广告主高效触达用户并且驱动用户的系统化管理平台，能够帮助产品与用户实现双向互动以及精细化触达。

因此，去中心化的优化路径不但引领着产品与用户之间的交流方式实现升级与进化，重构产品与用户的触达路径。产品品牌方可以以内容创作者的身份成为关系链中的一部分，同时还能通过优化路径来精准触达沟通用户。

**(3) 应用：巧妙设置标签和标题，可以增加点击量和曝光量。**

在互联网平台中，各种兴趣相投的年轻男女聚集在一起，为相应的群体贴上不同的标签："佛系青年""油腻中年男""中年少女"等。这些热门标签背后反映出了用户本能地寻求与自己相同的群体进行抱团，寻求心理归属的现象。

而标题是标签的直接体现方式之一，广告界权威奥格威曾经表示："读标题的人是读正文的人的5倍。因此，好的标题是广告创意成功的一半。"慧眼独具的广告主可以将标题加入内容中。

也就是说，短视频平台的营销需要符合"标签化"趋势，同样也要遵循广告创意中的"标题法则"。建立在优秀的内容情节的基础上，通过好的标签提高辨识度，能够吸引用户的概率将会大幅度增加。

视频发布者在设置标题与标签时，需要明确两个目的：一是激发用户点击；二是给用户留下深刻印象。视频发布者达成这两个目的，可以在标题、摘要、详细描述等方面，根据以下3个技巧来进行设置，如图1-8所示。

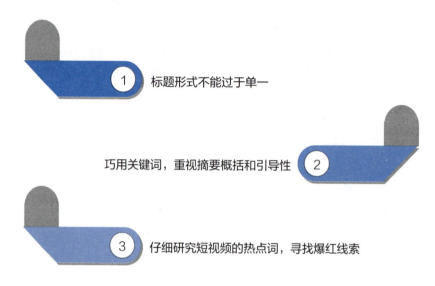

图1-8　设置标题的3个小技巧

无论标题是好好说话、平易近人型，还是有趣愉悦、真情实感型，亦或是设置悬念、形成反差型，都需要在其中呈现关键信息，才有机会达成精准营销。

以百事可乐为例，百事可乐在短视频中的广告标题为"触电发麻，才叫真爱"。这一标题先入为主，表达出广告中对于"真爱"的理解。不仅如此，"触电发麻"的真爱暗有所指，点进去一看，发现整个广告的定调是真爱拒绝清淡，而是像麻辣川菜以及百事可乐一般能够触发电感，手法巧妙，成功吸引了用户的注意，让用户主动点击查看。

除此之外，还有美团外卖的"10分钟 老地方 21 楼"的广告标题，给用户留下了悬念，步步引导用户将广告查看完毕。点击查看后，发现视频内容借用了流行的游戏"吃鸡"来拉近与用户的距离，进而触达用户，引起用户的兴趣，然后通过曲折的故事情节来展现内容，最后实现剧情反转，展示出该平台外卖能够准时送达的理念。

"有一半广告费是被浪费的，但不知道是哪一半。"这是营销存在的一大痛点，但是短视频平台的出现让这一现象得到改善。主动触达用户，并且让用户更加主动。进行精准投放，商家的营销自然会产生价值，而不会出现浪费一半资源的现象。

# CHAPTER 2

## 短视频内容定位：
## 蓝海创业更易成功

虽然越来越多的个人、团队、品牌加入短视频的行列当中，但是能够取得成功的却寥寥无几，其中一个重要原因便是对短视频的内容定位不够清晰，即便再怎么认真制作也是吃力不讨好，导致一步步错失用户。为了让短视频团队能够越来越清楚自己的方向，本章将通过4个维度进行分享，希望能够提供一些参考。

## 2.1 内容方向定位：提供让更多用户喜欢的标签

制作短视频的第一个步骤便是定位内容方向，只有定位清晰、准确，在制作短视频时才能够有的放矢，事半功倍，同时有助于后期的推广。定位短视频内容方向，短视频团队可以从提供让更多用户喜欢的标签的做法入手。

### 2.1.1 利用数据分析找到更受用户欢迎内容方向的实战方法

短视频的时间较短，要在短时间内快速吸引用户的注意力，这便对内容的创新提出了高要求。而当内容发布出去后，还需要根据数据变化来调整短视频的内容，所有的结果都需要以数据作为导向，实现进一步的优化，最后完成更受用户欢迎的内容方向。

**(1) 用数据确定内容方向**

通常情况下，视频制作者都会选择自己喜欢或者擅长的方向来创作视频内容，因为只有这样才能源源不断地输出内容。比如家庭主妇在做饭方面比较擅长，可以试着往美食方向发展，然后在秒拍等短视频平台中发布；有才艺的女大学生喜欢舞蹈，可以试着往才艺方向发展，通过抖音等平台来发布。将内容发布后，可以再查看一下播放量与点赞数。

视频发布初期，通过播放量与点赞的数据能够大致了解用户感兴趣的内容、内容所具备的特点等。比如美食方向的视频一共发了两个甜点类的和两个炒菜类的，在四个短视频都发布后，便可以获得数据，根据这些数据分析通常能够得到一些特点，接下来的第五个短视频便可以在总结的特点的基础上进行优化。随着次数的不断增多，视频制作者的方向会越来越清晰，明确知道什么样的视频内容最吸引人、什么样的拍摄手法最受欢迎、什么样的包装最能打动人。

### (2) 用数据指导运营

视频制作者确定内容方向后，运营环节成为最重要的环节，所需要面对的工作内容比较烦琐，因此需要通过数据来实现精细化运营，让视频能够有效分发到更多用户手中。

1) 根据数据调整发布时间

各大视频平台都会有相应的流量高峰时间，因此针对各大平台不同时间段的数据进行研究与记录，以此来获取平台能够获得高推荐量与播放量的时间段。比如通过腾讯视频平台来发布短视频，仔细观察其数据增长曲线后可以发现，视频在刚发布的时候的播放量通常不是很高，需要观察一周左右的时间，才能逐渐获取数据增长情况。而对于今日头条这样的推荐平台，情况恰好是相反的，通常能够在24小时之内获得较高的播放量，过了这个时间点，数据一般不会再发生较为明显的变化。

某美食视频制作者在今日头条中发布短视频，试过在早上、中午、下午还有晚上的不同时间段来发布，发现晚上发布的播放量通常会比较高。因此最后选择在每天下午6点左右发布短视频内容，晚上12点是视频播放量的高峰期。除此之外，他们还发现了在今日头条发布内容还需要准备审核时间，时间长短无法估算。但是通过观察，发现在晚上6点左右发布短视频，审核的时间相对较短，到了晚上8点，审核时间将会大幅度延长。

为了能够更精准地获取信息，视频制作者可以借助数据工具来提升工作效率，而不是仅仅依靠手工记录，否则很容易出现差错。目前的数据工具有美拍短视频运营助手、彩虹短视频助手（图2-1）等。

根据图2-1显示的数据内容可知，该视频在上午10~11点的播放量非常不理想。从晚上6点开始，播放量迅速上涨，晚上10点之后迅速下降。因此，可以根据这些数据来调整短视频的发布时间。

2) 用数据指导运营侧重点

个人将所有的渠道都铺好并不见得是好事，短视频制作者必须要明确侧重点，在与内容匹配且数据高的渠道中着重进行运营，尤其是对于人力不足的短视频制作团队而言，这样做能够起到事半功倍的效果。

如图2-2所示，同一款短视频在每一个平台的播放量都会显示出来，让我们可以了解短视频发布最为有效的平台。从图中的数据可以看出，这一短视频在美拍、腾讯视频中的播放量都非常高，但是美拍的表现尤其好。这只是一期的数据，接下来持续地将同类内容发布到各大平台中，并且查看数据信息。如果持续在某些平台都能够获得相对较高的播放量，那么短视频制作者便可以将重心转移到这一平台上，进行精细化运营。随后可以根据数据继续摸索在该平台获得高播

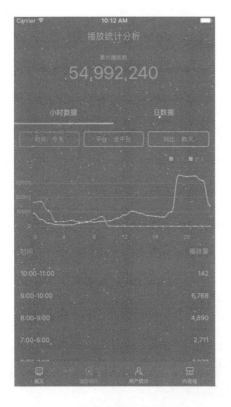

图2-1  彩虹短视频助手播放统计

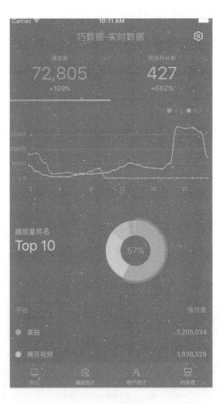

图2-2  彩虹短视频助手播放概况

放量的原因，直至进入稳定期。

借助这些数据化的小工具，短视频制作者可以尽可能将所有的平台渠道都铺上，随后根据数据指导来明确受用户欢迎的平台，并且分出主次，同时放弃一些效果不佳的平台。

### (3) 用数据来指导你的视频内容

通过以上步骤进行视频内容策划便显得相对省心。通过数据对内容进行多次优化，内容便会越来越符合用户的审美、需求，因此也会越来越受到用户的欢迎。

快手、今日头条、微博秒拍等短视频平台是以用户的行为作为判断依据的，不受短视频制作者的资源限制，因此这些推荐平台上的数据也会显得更有价值一些。而在这些平台中，推荐量与播放量在很大程度上受到数据参数的影响，比如收藏数、转发数、评论数等。如果短视频制作者能够提高参数的数据情况，播放量也会随之提高。

短视频制作者可以以周、月等单位作为依据，将各大平台的数据导出来并且仔细分析，了解在这一时间段内收藏数高、转发数高、评论数高的短视频内容，再将排名前十的短视频继续进行分析，总结受欢迎的特点。下面以生活类视频《一色神技能》为例介绍，如表2-1所示。

表2-1　生活类视频《一色神技能》视频数据表

| 序号 | 标题 | 推荐量 | 播放量 | 评论量 | 收藏量 | 转发量 |
| --- | --- | --- | --- | --- | --- | --- |
| 1 | iPhone手机这13个意想不到的隐藏小功能，让你大吃一惊 | 3 322 154 | 539 690 | 235 | 13 492 | 9 582 |
| 2 | 夏天怎样快速消灭蚊子！这5招让蚊子不敢再咬你 | 2 116 967 | 447 363 | 42 | 12 787 | 11 729 |
| 3 | 花式鞋带的7种系法，如此炫酷你见过吗 | 1 129 007 | 80 760 | 40 | 11 941 | 2 730 |
| 4 | 教你1招，夏天被蚊虫咬后迅速止痒，管用 | 5 320 733 | 765 483 | 45 | 9 073 | 8 794 |

续表

| 序号 | 标题 | 推荐量 | 播放量 | 评论量 | 收藏量 | 转发量 |
| --- | --- | --- | --- | --- | --- | --- |
| 5 | 想要快速提高记忆力？一个口香糖竟然就可以搞定 | 540 773 | 69 843 | 30 | 5 885 | 844 |
| 6 | 教你1招追女神小魔术：一块钱秒变一百块 | 1 095 851 | 162 954 | 62 | 5 465 | 1785 |
| 7 | 帆布鞋总变黄？这个妙招让它瞬间变白 | 1 408 892 | 142 652 | 58 | 4 675 | 853 |
| 8 | 你知道5角人民币还是追女神神器吗 | 1 226 458 | 205 581 | 85 | 4 396 | 739 |
| 9 | 10秒学会简单又能撩妹的小魔术：苹果手机变出硬币 | 851 821 | 195 898 | 62 | 3 820 | 715 |
| 10 | 不花一分钱就能使皮肤变白的竟然是它！你一定不知道 | 696 527 | 238 903 | 30 | 3 128 | 950 |
| 11 | 不花一分钱的手机支架，一学就会 | 573 820 | 63 781 | 26 | 1 649 | 624 |
| 12 | 风油精竟然还有这样的用处，你一定不知道 | 643 018 | 92 836 | 6 | 1 582 | 690 |
| 13 | 这样吃洋葱会让你更年轻，不信你试试 | 186 705 | 67 219 | 7 | 1 525 | 792 |
| 14 | 追女神神技能之情书的折法 | 178 233 | 13 120 | 11 | 1 279 | 88 |
| 15 | 指甲油除了不让丝袜破，还有更逆天的妙用 | 727 786 | 109 588 | 38 | 1 147 | 245 |
| 16 | 1杯水竟然可以辨别出真假蜂蜜，真是长知识 | 210 455 | 24 382 | 12 | 1 100 | 64 417 |
| 17 | 五彩相框DIY，洗出的照片有地方搁了 | 138 909 | 8190 | 9 | 1 075 | 13 818 |
| 18 | 夏季香蕉的高格调吃法来了，简直好吃到爆 | 344 354 | 34 798 | 6 | 1 048 | 37 119 |
| 19 | 黄瓜竟然还可以这么吃！你一定不知道 | 477 419 | 57 325 | 19 | 984 | 478 |
| 20 | 30秒叠餐巾，终于可以高格调吃西餐了 | 222 384 | 22 898 | 9 | 904 | 103 |

以收藏量作为分析依据，可以发现收藏量高的视频内容的最大特点便是实用。比如，苹果手机隐藏的功能高达13个，比一般视频讲述的要多很多。也正是因为多，所以用户怕忘记，会赶紧收藏起来。以转发量作为分析依据，可以发现转发量高的视频内容的特点有3个，分别是实用、酷炫以及紧跟热点。另外，有些用户转发是为了让朋友看见，觉得对朋友有用，比如安全科普等。以评论量作为分析依据，可以发现评论量高的视频内容的特点有3个，分别是紧跟热点、用户参与度高、有内容可聊。

上述便是对表2-1的数据进行分析总结的内容，根据不同短视频制作者的制作方向，总结出来的内容也不一样，因此还是需要根据自己的方向来分析。

另外，短视频的播放完成率、退出率以及平均时长也是需要注意的参数。播放完成率越高，说明短视频的内容相对来说是比较吸引用户的。在这一方面，有故事性的内容方向通常具有较大的优势。而退出率高则说明短视频的内容相对来说并不受用户欢迎，也有可能是短视频制作者夸大标题吸引用户点击查看，用户却发现标题与内容严重不符，自然不愿意继续看下去。

最值得关注的数据还是平均播放时长。假如短视频的时长总共4分钟，但是平均播放时长仅为1分钟，这是一个相当失败的数据。短视频制作者需要打开这个短视频反复观看前面的1分钟，了解用户为什么看到这儿的时候选择退出。通常情况下，短视频需要在开场的5秒内抓住用户眼球，否则后续的内容再精彩也无济于事。

上述内容是以推荐平台为例，但每一个平台还会有自己的数据。短视频制作者需要通过这些数据来了解平台、用户的特性，进而抽取重点内容来进行策划，以此做出更受用户欢迎的短视频。

## 2.1.2　当下更受用户欢迎的7类短视频内容标签

无论是视频内容还是观看渠道，短视频都对传统的视频形成了巨大冲击。根据统计预测，2020年短视频市场规模将有望突破200亿。短视频平台成为主流消费群获取信息的重要渠道，对于视频制作者和广告主而言都具有十分重要的意义。就目前情况而言，视频制作者生产的众多内容类型当中，更受用户欢迎的短视频内容标签有7类，如图2-3所示。

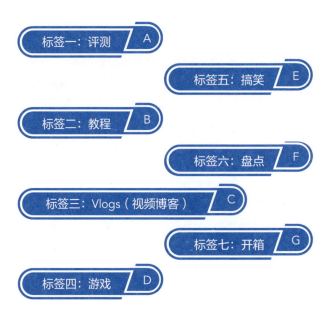

图2-3 当下更受用户欢迎的7类短视频内容标签

(1) 标签一：评测

产品评测视频内容丰富，通常讲述的是视频制作者对某一款产品的功能、服务进行体验的过程以及结果，进而满足用户获取信息的需求。随着短视频平台数量的不断增加，用户也越来越多，评测类的短视频已经对普通用户的购买决策产生了影响，因此这一类视频也成为众多商家的营销阵地。

相关调查数据显示，有一半以上的消费用户在购买产品之前，会通过互联网查看相关产品的视频介绍，而其中大多数用户倾向于查看带有评测属性的产品视频。因此，评测类短视频也成为短视频平台最主要的商业变现模式之一。

(2) 标签二：教程

教程类视频的内容通常是对某一事物进行演示、制作的过程，具体呈现方向是美食类、美妆类以及家装DIY类等。教程类视频是视频制作者利用自己的独到经验将事物的美好、完善的方面展示出来，也是能够吸引用户的重要支撑点。比如，曾经风靡一时的营养什锦番茄饭，只采用了一些简单的食材放进电饭锅烹饪，但是视频一经发布，点赞量超过100万。

详细的教学过程以及传授的独特技巧，是教程类视频能够脱颖而出受大众欢迎的重要原因。相关统计数据显示，教程类视频每年的搜索量都在持续增长。

### (3) 标签三：Vlogs（视频博客）

Vlogs即文字博客的视频版，博主以视频的形式表达日记内容，记录下自己的日常生活、所见所想等，是近些年来开始流行的视频类型。Vlogs在我国通常在新浪微博平台中出现，在国外有YouTube等平台。Vlogs展现了博主的日常生活状态，并且很少会通过特效和剪辑呈现出来，这种方式既能够满足用户对博主的好奇心，也能够很好地拉近博主与用户之间的距离。

### (4) 标签四：游戏

游戏类的短视频涵盖的内容非常广泛，只要与游戏相关的视频内容都可以囊括其中。游戏视频可以是游戏硬件评测、游戏实况录像、游戏音乐、游戏服饰等任何内容，是最受欢迎的短视频类型之一。游戏类短视频与产品评测视频类型相似，但是具体受众并不一样，变现也相对容易。比如新浪微博中的博主Miss，便依靠其一路主持的"Miss排位日记"短视频积攒了1200多万粉丝，成为最赚钱的游戏博主之一。

### (5) 标签五：搞笑

在当今社会生活压力日益增大的情况下，搞笑视频能够以使人们放松的调剂品的角色出现。因此，在视频榜单中，搞笑视频一直都占据一席之地，甚至占了全部短视频的一半。

比如戏精牡丹，2018年走红最快的短视频博主之一，在微博上的粉丝超过300万，短视频点击率累计数亿，甚至登上了我国综艺娱乐节目《快乐大本营》。2018年10月8日，戏精牡丹以搞笑形式拍摄了日常生活中的琐碎内容，引起用户共鸣，获得2万次以上的评论，5万次以上的点赞量，如图2-4所示。

图2-4 戏精牡丹搞笑短视频之一

(6) 标签六：盘点

盘点类短视频通常分为两种。

一种是产品盘点，主要在季末、年末等特定时间集中出现，视频制作者会通过短视频来介绍近段时间使用过的、值得推荐的产品，尤其以美妆类的短视频为主。与产品评测类不同，盘点视频通常会针对某一特定主题来进行对比、点评。比如"今年最受欢迎的10种冷饮""冬日妆容大盘点"等，产品类型相对单一，尤其适合横向发展，以这一方向能够延伸出更丰富的内容，但是要求针对某些特定的目标受众。

另外一种是片段盘点，比如"史上最搞笑的10个电影情节""2018年最受欢迎的10大歌曲"等，供用户娱乐来看。

#### (7) 标签七：开箱

通常情况下，开箱视频是指将收到的包裹打开，向用户展示并且介绍包裹内容的视频。但是这一类视频的重点并不在于包裹的内容，而是短视频制作者的反应。因此，这类视频也延伸到了其他方面，通过五花八门的物品、渠道等来录取视频中人物的第一反应，失望也好惊喜也好，这都是用户真正想要观看的"重头戏"。

从生活到娱乐，从学习到应用，人们生活的方方面面都受到了短视频的影响。短视频重新定义了视频生产以及观看的形式，也在不断塑造着新的被用户所接受的流行文化。

### 2.1.3　短视频博主人设定位选定技巧

毫无疑问，2016年是短视频的元年。虽然短视频平台早在2004年就已经出现了，但是直到2016年，papi酱快速爆红才让用户开始关注这一"时间杀手"，于是大量资本、团队开始逐渐涌入短视频领域。用户平台属性不一样，导致用户的偏好有所不同。短视频博主需要在一定程度上迎合用户的口味，营造自己的人设，才有可能获得用户的认可，为自己的短视频发展营造一个良好的基础。而在营造短视频人设的过程中，短视频博主需要遵循"三不"原则来为自己进行定位，见图2-5。

| | |
|---|---|
| 不要随波逐流 | 人设要根据团队、市场、平台属性、自身等综合因素选择和设定 |
| 不与头部争赛道 | 人设不要模仿头部账号，而是寻找属于自己的垂直方向，才有成为头部大号的机会 |
| 不一样的表达方式 | 确定自己的独特性，做到高辨识度，才有可能输出不一样的内容 |

图2-5　短视频博主人设定位"三不"原则

(1) 第一"不":不要随波逐流

与长视频的寡头垄断行情相比,不同短视频所针对的受众并不一样,因此用户偏好也有所不同,这便造成了同样的博主人设在不同平台中的流量表现不一样的情况。各大短视频平台是内容的出口,因此博主最好遵循不同平台之间的规则、玩法、用户偏好等。比如美拍平台适合5分钟左右的短视频,可以将一个故事较为完整地展示出来;抖音平台适合15秒的超短视频,由于时间限制问题,并不适合长剧情的渲染,尤其需要注意把握剪辑节奏。

以短视频博主"二更"为例介绍。早在2016年,记录性精品短视频便以新的短视频内容形式出现在大众面前,并且呈现出良好的发展势头。随后,不少博主都紧随着这一趋势,不管自己是否会做纪录片,都涌入其中。然而发展至今,大约90%的博主都没有获得成功,而二更是成功的10%中的一位。

二更能够从众多竞争者中脱颖而出,主要由于这个团队中,有一半成员来自于传统媒体,基本功比较扎实。无论是对纪录片的理解,还是对市场、客户分布情况,都有一个明确的概念,因此才成为人文微纪录片里面的标杆。

虽然二更在微博、美拍中有着不错的表现,吸引了大量流量,但是它的单镜头叙事模式在抖音之类的超短视频中难以将拍摄意义体现出来,因此即便抖音平台发展得再好,二更也没有在抖音中构建流量。

二更的案例表明了短视频也需要深耕细作,首先应该奠定好自己的基础,而不是看到哪一方面火热便扑上去。另外还需要做好自己的定位,选择最适合自己的平台。

"深夜徐老师"也是微博大V中的一员,主攻时尚穿搭类型,在2018年2月入驻抖音,短短1个月便吸引了130多万粉丝。"深夜徐老师"主要根据3个原则来发布内容,进而吸引粉丝。

第一，符合账号人设。"深夜徐老师"这一团队发布的内容是一些拍照技巧、穿搭心得等，主要与时尚美妆类相关。

第二，符合平台调性。根据平台的特点与产品内容，选择相对合适的音乐与特效，并且将内容的时间控制好。

第三，视频内容符合平台用户喜欢的调性，并且具备冲击力。2018年3月初，"深夜徐老师"没有做过任何预热便将之前自己突袭采访明星刘昊然的片段发布出来，在没有进行任何引流的情况下，该视频迅速获得1.3万个赞。而《年会千万不要穿小黑裙》的短视频，获得了1400万次的播放量，点赞数量在20万个以上。这个视频具备着平台用户所喜欢的调性，是情景化的演绎。

平台调性是打造人设初期的重要影响因素，需要博主根据自己所发布的内容来确定适合自己的人设。如果盲目冲到最多人营造的人设角色中，往往需要付出更多的代价才能胜出。因此，博主不要随波逐流，找准最适合自己的发展方向以及发展平台，并且根据团队的属性因素、未来的市场发展趋势以及平台用户偏好属性来定位人设。

### (2) 第二"不"：不与头部争领域

部分领域已经出现了头部账号，比如美食领域的办公室小野、日食记等，搞笑领域出现了陈翔六点半、papi酱等，美妆领域出现了张凯毅、认真少女颜九等。这些领域的头部地位站稳之后，博主再去模仿他们，不管再怎么努力也很难超越他们。

日食记是美食领域中表现得非常好的一个账号（图2-6）。如果你想要在精美美食方向做出成绩，是很难拼过日食记的。厨娘物语便是一个教训，刚开始崭露头角便被指为抄袭，更不要说其他名气还不大的博主了。

图2-6 日食记短视频

目前短视频以抓住注意力为发展方向，这代表着抓住了流量。而短视频头部账号往往具备着强大的影响力，并且存在众多竞争对手，博主再往这一方面营造人设的意义并不大。即便这个人设红起来了，也难以维持下去。与这些已经存在头部账号的领域相比，垂直领域的发展刚刚起步，存在很大的发展空间，比如旅游、育儿、留学咨询等。因此，在定位人设的过程中，博主可以找到属于自己的垂直领域，这样一来还有可能会成为头部大号。

(3) 第三"不"：不一样的表达方式

垂直细分领域是指在纵向的垂直行业板块中，深度挖掘主要业务。以绘画为例，绘画可细分为水墨画、油画、版画、漫画等，而细分类绘画短视频在微博、爱奇艺等主流平台中都比较容易获得关注。在垂直细分领域的基础上，博主用不一样的表达方式更能提高自己的辨识度，有助于自己从众多竞争对手中跳出来。

我们都知道，在黄种人的群体中，个别的白人会格外显眼；身高比较高的人在普通人群中更引人注目；千篇一律的瓜子脸大眼睛看多了，偶尔出现一个圆脸的博主也可以吸引大家的目光。同样的道理，如今市场同质化严重，短视频博主需要长期在细分领域中深耕内容，才能让自己的作品具备高度的辨识性，这种与别人不一样的内容更容易吸引相应领域的兴趣群体。

比如，在同一个领域中，博主可以选择与年轻用户调性相符的方向，比如星座、美食、动漫、科技评测等。以美食为例，同样是做美食，自己的定位需要风格化。像办公室小野便是在办公室当中制作美食，简单方便的内容立马获得一票观众的认可，因而成为美食领域中的一大亮点。

人设是营造出来的，自然会有一些美化的成分，如果经营不当，也有可能会面临初始形态暴露，引发负面影响的风险。如今网络上出现了不少人设崩塌，导致竹篮打水一场空的现象。由此可见，人设崩塌是每位短视频博主需要考虑的风险。因此，短视频博主需要提防人设崩塌。通过多方面总结，不难发现以下三方面的雷区是短视频博主在营造人设时不可触碰的。

1) 勿碰道德雷区

当短视频博主具备了名气后，影响力也随之增加，因此也需要承担相应的责任。粉丝和普通用户都会拿着放大镜来观察博主的一言一行，博主不要抱着侥幸的心态去触及道德雷区，一旦被发现，将难以发展。

2) 避免言过其实

短视频博主营造一个立体的人设，需要从多个方面中显示出来。但如果是不影响人设主要标签的信息，建议不要过分美化。比如美食博主给自己营造的人设是随和、手巧等，这种情况之下，基本不需要过多的家庭信息。如果只是普通家庭出生的博主，千万不要给自己营造出你"很有钱"的样子，维护成本高不说，一旦被拆穿，将会造成粉丝的反感。

3) 保持谦逊

博主在发展越来越好的情况下，应当多多注意心态的变化，避免给粉丝留下急功近利、"吃相难看"的印象，时刻保持谦虚是最好的办法。

营造人设是迅速圈粉的手段之一，尤其是在如今的粉丝经济中，迎合大众喜好来营造一个好的人设是热度提升的重要手段之一，能够给短视频博主带来不少的收益。但与此同时，人设也是一把双刃剑，若没有把握好将会给自己带来重创，因此短视频博主需要把握好人设的尺度。

## 2.2 展现形式定位：巧妙利用视觉记忆力

短视频生产流程简单，制作门槛低，同时还具备全民参与性，并且不像微电影一样需要具备特定的表达形式。短视频的展现形式丰富多彩，巧妙利用视觉记忆力来展现短视频，能够有效并迅速吸引用户。

### 2.2.1 短视频展现形式的3种常见类型

对于不少短视频新手而言，他们并不了解自己所创作的内容更适合采取哪一种展示形式，这对他们的短视频起步造成了困扰。为此，我们总结出短视频展现形式中最常见的3种类型，如图2-7所示。

图2-7 短视频展现形式的3种常见类型

## (1) 录屏形式

录屏形式是短视频博主下载安装录制电脑屏幕的软件，然后将自己在电脑上的操作记录录制下来。在录制过程中，短视频博主也可以录音，进行更完善的录制。最后，将所录制的视频内容导出为视频格式文件。

日常的课件录制、操作视频等通常都是以录屏的形式呈现出来的。在录屏形式当中，最受欢迎的内容自然是游戏解说类、电子竞技类等。录屏形式有助于短视频博主实时将正在操作的内容记录下来，进而完成教辅、讲解等目标。录屏形式真正操作起来并不麻烦，只要稍微学习一下，短视频博主便可轻松上手。

## (2) 自演自说形式

通常情况下，自演自说形式只需要短视频博主准备一个摄像头、一个麦克风即可，这种方式在搞笑类的短视频中比较常见。自演自说形式操作比较简单，并且成本相对较低，但是能够呈现出自我风格的短视频博主通过这种方式很容易圈粉。

自演自说形式是比较受欢迎的一种短视频展现形式，但是这一方式对短视频里展现的人物的要求较高，既要有表演天分，同时也需要有真材实料。如果能够具备这些条件，那么很有可能表演几个短视频便能获得上百万的播放量。如果展现人物的条件不够优秀，不仅播放量不乐观，掉粉速度也会非常快。因此，如果短视频博主本身不具备这些条件，在进行自演自说式短视频时，最好不要亲自上阵，而应找一些条件较佳的人来进行表演。

在自演自说形式的短视频中，要求视频人物必须做到自然、平实，同时能够将笑点、悬念等效果最大化呈现，否则视频全程缺乏看点，自然没办法引起用户的关注及转发。比如"嗯呐朱莉"便是一位能够将笑点充分发挥出来的短视频博主，他的视频常常能够让用户捧腹大笑，粉丝也会自发转发扩散。

## (3) 剧情形式

相对于前两种而言，剧情的展现形式成本相对较高，因为这一展现形式通常需要较为完整的情节，同时主题也要足够突出，需要2个或者2个以上的演员进行合作。在某些情节上，短视频还要反复拍摄多次。

由于剧情本身所包含的情节特点，剧情形式的短视频相比其他类型的展现形式更容易吸引用户，并且迅速积累粉丝。比如以搞笑来反映生活事迹的"陈翔六点半"，便是剧情形式短视频的典型案例。

除了以上3种展现形式，采访形式、动漫形式等也是出现得较多的短视频展现形式。短视频博主究竟要选择哪一种类型的展现形式，需要根据生产内容、成本等自身条件进行综合考量。

## 2.2.2　如何策划出更受大众欢迎的短视频展现形式

不同的短视频内容所需要呈现的展现形式不一样，但每一种展现形式都有利有弊。能够充分利用展现形式的特点，让短视频内容更具吸引力，是每位短视频博主都需要面对的问题。比如，采用图片展示形式的短视频展现方式最简单、成本最低，但是如果图片展示不好，很容易造成短视频整体的冲击力不佳，让用户产生枯燥的感觉。如果能够选取有极强冲击力的图片，获得的点击量也会非常高。

因此，短视频博主在创作短视频时，需要根据不同的展现形式进行策划。上一小节讲述了常见的短视频展现形式的3种类型，那么接下来仍然以这3类展现形式为例，讲述如何策划出更受大众欢迎的短视频展现形式。

### (1) 录屏形式：行动号召

录屏形式的短视频通常面向的用户是需要迫切学习、了解某方面的知识、技能的人，因此用户所关注的便是短视频为他们解决了什么问题，或者是提供了什么价值。利用这一点，短视频博主在策划内容时便可以以行动号召作为方向。

在策划录屏形式的短视频内容时，可以通过标题、文案等来进行行动号召，表达自己能够帮助用户。比如，"面对胃口大、节食难等问题而导致减肥一直不成功，尝试了种种方法都没有得到解决，那应该怎么办？这一次我们来针对这些问题，具体聊聊在1个月之内轻松减掉10斤的秘诀。"

短视频博主以行动号召来呈现用户想要看到的内容，并且解决他们的问题，用户自然会对这个短视频产生好感，也有助于短视频博主在互联网领域中进行营销。通常情况下，行动号召可根据以下步骤来进行策划，如图2-8所示。

图2-8　行动号召策划步骤

### (2) 自演自说形式：段子式神转折

自演自说形式的短视频通常在搞笑类内容中比较常见，因此策划此类内容可以搞笑类为标准，学会从搞笑类的短视频中寻找亮点。这一展现形式与脱口秀相似，都是需要铺垫与笑点来完成的。也就是说，通过铺垫内容来制造预期，然后解读预期的源头来制造笑点。

但是短视频与脱口秀又不一样，脱口秀更注重的是语言上的表达，而短视频更注重于表演内容。因此，自演自说形式的短视频在策划时，可以选取段子式神转折为重点内容，以便在各种情况下得到最大化发挥，并且收获相应的效果。通常情况下，这一策划流程大致如图2-9所示。

图2-9　自演自说形式短视频策划步骤

### (3) 剧情形式：加剧情、剧情延续或者改剧情

对于剧情形式的短视频内容来说，短视频博主在策划时，需要做到内容有创意、有态度，才能更受欢迎。通常情况下，可以通过加剧情、剧情延续或者改剧情来实现这一目标。

①加剧情　短视频里有许多操作是非常专业、实用的，但是这些内容对于不少用户来说显得有些枯燥，吸引力会降低。因此，短视频博主可以自己加入一些剧情，让内容变得更为有趣。短视频平台的发展路线基本上都围绕着重剧情和有态度进行，单纯高效的剧情对他们来说只是初级策划办法，如果能辅以技术流类的内容进行策划，自然更容易受用户喜爱。

②剧情延续　当剧情形式的短视频已经形成了一定的热度，为了能够持续性发展，短视频博主可以进行剧情延续，因此在策划时可以将反套路、剧情发展（后续情节）、态度回应等剧情内容加入其中，让剧情更受喜爱。

③改剧情　改剧情是指在创作短视频内容时，沿着前一小段的剧情表演，把后一段剧情改掉。但这与神转折的内容有所不同，神转折是建立在原创的基础上而进行的，而改剧情是针对当下有一定热度的短视频主题而进行的。短视频博主在策划这一类内容时，应该注意所改变的剧情的发展方向，或搞笑或表明态度或是其他。

如今大量爆红的短视频内容都是在原本有一定热度的剧情短视频的基础上进行修改的，因此短视频博主在策划时要对改动剧情加以重视，但需要注意的是，短视频博主在进行改动时，不要一味地模仿，而要充分发挥自己的才能来完成创意。

总而言之，策划出用户最喜爱的短视频展现形式，无非是围绕创意、解决需求等来进行，是锦上添花的行为。想要真正受用户欢迎，短视频博主还需要加强内容上的创作。

## 2.3 持续产出能力：打造稳定的内容产出机制

如今越来越多的巨头加入了短视频的战场当中，腾讯、百度、阿里也不断地在短视频市场布局并且增加投入，抢夺用户时间的赛道越发拥挤。比如2018年腾讯与喜马拉雅达成合作，打通双方内容会员权益，这明显意味着视频内容产业正在从"流量至上"转变为更加注重内容的广度与深度。内容的日渐重要要求短视频团队具备持续打造精品化内容的产出能力，以稳定的内容产出机制来支撑短视频在新一轮竞争中获得优势。

### 2.3.1 短视频运营团队常见分工方式

短视频团队需要找到合适的人才能组建起来，并且在组建过程中需要不断根据各方面因素来调整人员结构，明确各方分工，以此来达到最佳的人员配置组合。短视频团队在人员数量、岗位职责、知识技能方面都有明确的要求，这些内容都是明确人员分工的因素，下面将逐一进行介绍。

#### (1) 人员数量

短视频的工作流程通常分为六大板块，分别是前期准备、内容策划、拍摄、剪辑、发布以及变现和粉丝转化，每一个板块又有相应的细分内容。除非一个人同时具备策划、拍、演、剪、包装以及其他能力，否则是无法独立完成短视频工作的。

通常情况下，短视频博主在确定视频内容方向之后，视频周产2~3个，视频时长通常控制在5分钟之内，因此建议短视频配备人员在4~5人。需要注意的是，团队配备人数与短视频的内容方向是有关系的。比如短视频主要往旅游方向发展，4~5人的团队是远远不够的。

### (2) 岗位职责

在短视频的经营初期时，团队人员都需要负责多项工作，因此掌握的技能也比较多。通常情况下，短视频团队的人员可归纳为4个角色。

①编导　在短视频节目中，编导相当于导演，短视频的风格、内容方向、策划以及脚本都是编导需要负责的内容。不仅如此，在拍摄与剪辑的环节，编导也需要参与其中，由此可见这个角色的重要性。

②摄影师　主要负责拍摄，但是对于初创的短视频团队而言，摄影师还会涉及搭建摄影棚、设定视频拍摄风格等工作。

③剪辑师　当拍摄成片出来后，需要剪辑师剪辑精彩内容以及做出适当的修饰。不仅如此，剪辑师还需要设计策划整个流程，因为这将会影响短视频的剪辑与包装问题。也就是说，在团队创建初期，剪辑师同时需要负责或者参与短视频包装等内容。

④运营　在视频完成后，如何将内容实现最大程度的曝光、通过什么渠道来宣传更合适、如何管理用户的反馈内容等，都是团队中运营人员需要负责的内容。

### (3) 团队岗位应该要具备的技能

每一岗位需要负责的内容并不一样，因此需要具备的技能也会有所出入。但是对于短视频团队人员来说，大多数技能即便在一开始并不精通，也可以逐渐了解基础知识，并且不断进行学习。在此，我们整理出短视频团队各岗位应该要具备的技能，如表2-2所示。

表2-2 短视频团队各岗位应该要具备的技能

| 岗位 | 策划 | 镜头脚本 | 拍摄 | 剪辑软件 | 包装软件 | 能上镜 | 普通话好 | 爱看视频栏目 |
|---|---|---|---|---|---|---|---|---|
| 编导 | 精通 | 精通 | √ | √ | 基础 | √ | √ | √ |
| 摄影师 | √ | 精通 | 精通 | √ | 基础 | √ | √ | √ |
| 剪辑师 | √ | √ | × | 精通 | 精通 | √ | √ | √ |
| 运营 | √ | × | × | 基础 | × | √ | √ | √ |

注：打"√"代表这一岗位需要参与该环节或者具备较强的技能；
　　打"×"代表这一岗位不需要此技能，但是也可以进行学习。

明确分工之后，短视频博主可以根据以上的分工需求来招聘人员。短视频团队并不稳定，尤其是在发展初期，需要招聘的人员往往需要身兼多职，招聘难度较大。不仅如此，整个团队的组建过程较长，更需要准确选择合适的人才成为团队中的一员，才能有效降低试错成本。下面将从发布职位、筛简历以及面试这3个维度来介绍短视频团队的招聘计划。

①发布职位　短视频团队的职位通常包括视频运营、视频编辑、视频编导、视频策划以及视频摄影师这5个岗位，因此在各大渠道中的职位主要针对这5个来发布。这5类职位的招聘文案可参考各个岗位所需要具备的技能或者同类职位的要求。当然，如果是热爱互联网行业的通常可以优先考虑。

②筛简历　收到简历后，通常要筛选出最适合短视频调性的，因此选择有相同的视频专业、经验的或者是相同的职能专业、经验的人会更为合适。

③面试　在面试环节中，针对视频内容的岗位，可以重点考察3个方面。首先是作品，这一方面要问得详细一些，比如面试者有过什么作品、在作品中担任什么角色（导演、演员、剪辑等）、完成作品所需的时间等。另外，还需要考察面试者都具备什么技能，作品中是否有使用这些技能、是否产生结果等。技能是相当重要的考察方面，比如有的面试者表示不会使用After Effects软件，这并不适合团队发展初始的招聘要求，面试者如果不会使用这一软件对视频进行简单包装，那么团队中还需要增加一个专门进行包装的人员，这将会增加用人成本。

最后，考察一下面试者的临场反应能力也是不错的选择。短视频博主可以针对不同岗位设置不同的现场提问，比如编导来策划某一主题，摄影师评判某一拍摄作品的优缺点等。尤其需要注意的是运营岗位的面试者，需要了解他们对短视频的兴趣程度，有什么喜欢的短视频栏目，对某些短视频的见解，是否愿意学习相关知识等，另外再考察一下面试者是否具备创意及策划能力。

当然，像团队人员的基本素质、执行力等问题也是需要考察的，在此不一一赘述。每个团队应该根据自己的独特点来制订考察方法，相信大家能够通过自己的一些方法来获取想要的信息。

## 2.3.2 实现短视频创作流程机制化实用办法

随着内容消费的兴起，短视频也掀起了一股全民热潮，同时给品牌带来了新的营销尝试。而品牌各种各样，如果短视频团队想要把控时间、人力和资金等成本，以最低的成本获得最好的传播效果，那么最为可行的办法便是确定一种效果好的短视频创作流程机制。

### (1) 根据要求，构思创意（图2-10）

在明确短视频主题之后，如何根据主题来以最佳的方式呈现，这便是首先需要考虑的重点。比如对于生活妙招类的短视频来说，给用户呈现出直观的效果便是最佳的创意方式，因此需要思考的问题便是如何让短视频制作得更为直观。比如，有的团队是通过列出多种方案的呈现形式，每一种形式都拍摄一些简单的素材，并且通过身边的人来获得共性反馈，以此来了解呈现的效果。随后，团队便可以根据反馈进行调整，最后确定短视频的拍摄风格以及呈现形式。

而对于已经比较成熟的短视频团队而言，通过大数据分析工具来分析同类短视频，通常能够获得更为精准的答案，以便不断调整和优化拍摄的创意呈现。

根据这些方式能够快速获得适合不同方向的短视频拍摄风格，在确定出拍摄风格以及呈现形式之后，团队便可以着手准备脚本，这在后续内容中将会进行详细介绍。而对于不方便展现的镜头，可以换一种思路来进行。

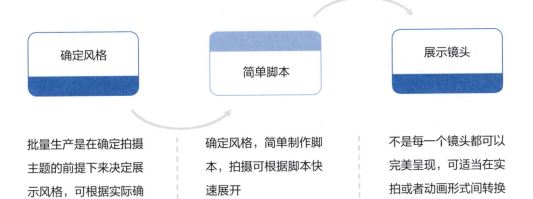

图2-10 构思创意的3大重点

### (2) 人员与道具的准备

在生产内容阶段,每个团队都需要提前准备人员和道具,只要根据图2-11的内容进行准备,实现流程化生产机制便会轻松许多。

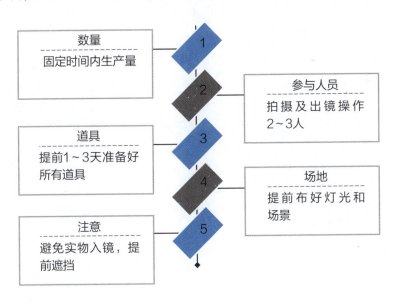

图2-11 生产内容阶段的准备

在准备好上述阶段的内容后，便可着手进行拍摄准备。对于需要大量快速生产的视频流程，可以通过制作表格来了解各个团队需要创作的方向以及创作量，归类好之后可以安排拍摄人员对内容相近的进行集中拍摄，能够大幅度提高拍摄效率，让短视频制作流程化。

拍摄所用的很多道具都是需要提前准备的。通常情况下，团队可以提前1~3天将道具准备齐全。对于演员有外形要求的，也需要提前联系，让拍摄流程更为顺畅，避免出现临时抱佛脚的情况。

### (3) 视频的画质、音质

拍摄过程中，画质和音质是团队需要重点关注的内容。画面清晰是基本要求，需要一个对设备熟悉的摄影师，避免出现对焦失误而导致画面模糊的情况。另外，摄影师要学会抓重点拍摄。对于声音的基本要求是足够清晰，并且没有噪声，音质要高，这便需要准备较为专业的收音设备，团队可以视情况而选择。

### (4) 后期剪辑注意事项（图2-12）

剪辑是最后的事项，是不容忽视的环节。即便内容拍摄得再好，如果团队没有剪辑出重点，那么之前的所有工作相当于功亏一篑。这便要求剪辑师对拍摄素材有一个基本的了解，并且掌握视频的核心诉求，才能有的放矢。

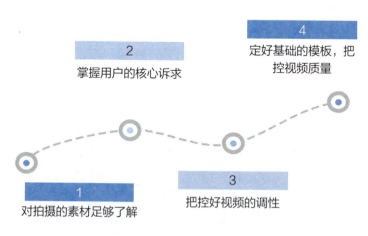

图2-12　后期剪辑注意事项

另外，剪辑风格也会直接影响到视频的调性，因此在动手剪辑之前便要把控好。比如一些对于生活细节上的内容展示，通常需要的都是以近景和特写为主，但如果剪辑师剪辑出了远景的展示，视频主题将会表达得不到位。而流程化的生产机制，需要合理制订好模板才能实施，团队可以将片头、片尾、转场页都提前准备好，提高制作效率。

在创作短视频流程化机制的过程中，短视频团队需要牢牢把握各个节点，熟悉每一个环节，做到心中有数。

## 2.4 短视频内容创意策划案落地实操

短视频的风靡给众多普通人开辟了一条发挥才能的康庄大道,但是加入人数越多,竞争越激烈,因此想要从中脱颖而出,除了本身所具备的才能,还应该有让人叹服的创意,这要求短视频在进行策划时便从多个角度出发,并且认真执行让方案落地。

### 2.4.1 短视频内容创意脚本撰写中的关键点

短视频脚本可分为3种类型,分别是拍摄提纲、分镜头脚本以及文学脚本,在此便深入阐述一下这三种脚本形式的撰写关键点。

**(1) 拍摄提纲**

如果短视频的方向是新闻纪录片,需要赶往现场进行拍摄,进行这一操作之前要根据摄录内容来编写预期拍摄要点,便可以以拍摄提纲的形式进行。当然,故事片拍摄方向也可以使用这一脚本创作方式。当某些场景不方便预先分镜头时,短视频导演与摄影师将会根据拍摄要点来创作拍摄提纲,在拍摄现场进行灵活处理。由此可见,拍摄提纲脚本是在对拍摄内容不确定的情况下而拟定的,能够对短视频的拍摄起到一个提示的作用。

拍摄提纲脚本基本不受限制，摄影师根据这一脚本拍摄内容的自由发挥空间较大，但是对于视频后期的指导效果是有限的。因此，短视频内容如果不是有特别多不确定因素，并不建议采用制作拍摄提纲形式。

### (2) 分镜头脚本

创作分镜头脚本的关键点在于细致，必须要将每一个画面、细节都掌控其中。创作分镜头脚本对于画面的高要求能够展现出短视频极强的故事性，如果短视频不受更新时间的限制，采取这一种脚本方式能够创作出相对精彩的内容。也正是由于这一类脚本对于内容细致的高要求，创作起来耗时耗力，因此一般的短视频内容很少会采取这一种脚本方式。下面以康师傅方便面广告为例，展示该品牌的分镜头脚本范本，如表2-3所示。

表2-3 康师傅方便面广告分镜头脚本

| 镜头 | 摄法 | 时间 | 画面 | 解说 | 音乐 | 备注 |
| --- | --- | --- | --- | --- | --- | --- |
| 1 | 采用全景，背景为昏暗的楼梯，机器不动 | 4秒 | 两个女孩A、B忙碌了一天，拖着疲惫的身体爬楼梯 | 背景是傍晚昏暗的楼道，凸显主人公的疲惫 | 《有模有样》插曲 | 女孩侧面镜头，距镜头5米左右 |
| 2 | 采用中景，背景为昏暗的楼道，机器随着两个女孩的变化而变化 | 5秒 | 两个人刚走到楼梯口就闻到了一股泡面的香味，飞快地跑回宿舍 | 昏暗的楼道，与两人飞快的动作交相呼应，突出两人的疲惫 | 《有模有样》插曲 | 刚到楼道口正面镜头，两人跑步侧面镜头一直到背面镜头 |
| 3 | 近景，宿舍，机器不动，俯拍 | 1秒 | 另一个女孩C在宿舍正准备试吃泡面 | 与楼道外飞奔的两人形成鲜明的对比 | 《有模有样》插曲 | 俯拍，被摄主体距镜头2米 |
| 4 | 近景，宿舍门口，平拍，定机拍摄 | 2秒 | 两个女孩在门口你推我搡地不让彼此进门 | 突出两人饥饿，与窗外的天空相互配合 | 《有模有样》插曲 | 平拍，被摄主体距镜头3米 |
| 5 | 近景，宿舍，机器不动 | 2秒 | 女孩C很开心地夹着泡面正准备吃 | 与门外的两个女孩形成对比 | 《有模有样》插曲 | 被摄主体距镜头2米 |

续表

| 镜头 | 摄法 | 时间 | 画面 | 解说 | 音乐 | 备注 |
|---|---|---|---|---|---|---|
| 6 | 全景，宿舍门口，俯拍 | 3秒 | A、B推搡着挤进宿舍 | 突出两人的急迫心情 | 《有模有样》插曲 | |
| 7 | 全景，宿舍，俯拍，定机拍摄 | 1秒 | 女生C正在吃泡面 | 与刚进门的两人形成鲜明的对比 | 《有模有样》插曲 | |
| 8 | 近景，宿舍，定机拍摄 | 2秒 | 女生A、B很急迫地跑到桌前，看着女生C | 突出两人的急迫心情 | 《有模有样》插曲 | |
| 9 | 近景，宿舍，俯拍，定机拍摄 | 2秒 | 当C发现有人进来的时候，立马把泡面挪至一边 | 与两人的急迫心情形成鲜明的对比 | 《有模有样》插曲 | |
| 10 | 近景，宿舍，俯拍 | 6秒 | A、B很不高兴地看着C，于是C很淡定地从桌下拿出两桶泡面，A、B立马变了脸色，很急切地打开包装 | 两人的表情从希望到失望再到喜悦，从而凸显出对泡面的喜爱 | 《有模有样》插曲 | |
| 11 | 后期插入logo（商标） | 1秒 | 后期插入logo | 后期插入logo | 《有模有样》插曲 | 后期制作 |
| 12 | 近景，宿舍，俯拍 | 1秒 | 三个人一起很开心地吃泡面 | | 《有模有样》插曲 | |

### (3) 文学脚本

文学脚本与以上两种脚本相比，基本上所有可控因素的拍摄思路都会被罗列出来，在时间效率上也比较合理。文学脚本的关键点在镜头拍摄要求上，一些不需要剧情引导发展的短视频便可以采用这一脚本方式。

综上所述，脚本创作还是需要根据自己的短视频发展方向来选择，另外就是不要过于死板，可以适当进行改良，将不好把控的因素给去掉也是可以的。只要根据短视频的特性来实施，创作出形式简单、内容丰富的脚本便不再困难。

## 2.4.2 做好短视频情感融入与把握展现节奏的黄金法则

据了解，各大短视频平台的主流内容基本上以搞笑、游戏以及各类教程为主，而叙事较强的剧情类、情感类的短视频却出现甚少。究其原因，还是短视频在表达这一类内容的情感与节奏时没有充分把握，节奏过慢，情感便难以传递出去，用户对短视频则无感；节奏过快，会让用户感觉情感投入不专业。不把握好短视频情感融入与展现节奏之间的契合点，便难以让用户深入短视频场景当中来感受短视频想要传达的情感要素。

由此可见，表达短视频的情感基调时，需要正确把握好表现节奏，否则会让短视频整体显得相当违和。比如短视频内容本身是表达温暖治愈情绪的，但是展现节奏过快，用户便无法从中获得相应的情感体验，而短视频本身也会显得粗制滥造。因此，短视频博主很有必要去培养一下节奏感。

掌握短视频的情感基调，还是要看短视频需要表达的主题内容以及想要向用户传达出什么样的情绪，是轻松活泼的搞笑风格，还是能够舒缓解压的温暖治愈系风格。基于情绪的整体基调，才能形成短视频当中对人、事以及画面等的节奏把控。

除了叙事类这种比较看重情节的短视频，大部分类型的短视频的节奏都需要由背景音乐来带动。为了让情感融入与节奏更加契合，在剪辑短视频时应该先进行粗剪，从中了解节奏感，并且选择最合适的背景音乐。总体而言，短视频节奏与音乐匹配得越好，画面感越强，能够带动的用户情绪则越高。

因此，确定短视频的情感基调之后，可以通过挑选相应的背景音乐来展现整体节奏。比如风景类的短视频需要体现的是大气磅礴的节奏，挑选的背景音乐也最好能够激起用户心中的激动情感；而美食类的短视频可以选择快节奏也可以选择慢节奏，这可以根据短视频内容是精致美食还是快餐类型来决定。每段短视频都有自己独特的情绪和节奏，便能够让画面呈现出更能带动用户的感觉。

比如，《等你懂我》短视频栏目以真实生活中的情感内容作为背景，搭配唯美缓慢的节奏，表达出爱情当中甜蜜、矛盾以及思考的内容，使不到5分钟的爱情桥段得到完美的呈现，真实地挑起用户的情绪，使许多用户在观看之后引起共鸣，进而在评论中纷纷表达出自己或遗憾或美好的故事。正是基于情感基调与展现节奏的配合，《等你懂我》短视频节目在推出不久之后便获得了全网3000万的播放量。

# CHAPTER 3

## 拍摄+后期：
## 低成本拍出合格短视频内容实战攻略

短视频如今已经发展成为新的线上流量聚宝盆，自然受到了众多广告主的青睐，因此成为营销的最佳方式之一。但是对于初创团队、中小企业而言，由于资源有限，导致拍摄一个短视频心有余而力不足。但事实上，制作短视频所花费的成本是可以控制在一定范围之内的，并且只要选对方法，拍出来的短视频效果不见得比高投入的差。

## 3.1 经费与拍摄器材间的取舍

对于初创团队而言,制作短视频的所有流程都需要花钱,而且每一笔花销都不小,而此时团队的经费却不足以支撑这样的制作方式。除此之外,短视频的基本要求是画面清晰流畅,因此在拍摄器材上需要选择效果足够好的设备,否则将会影响短视频后期的制作发展。针对这些痛点,我们总结了对于短视频团队而言,能够减少经费花费的使用技巧以及高性价比的拍摄器材选择方案。

### 3.1.1 多少经费预算才可以开始短视频创业之旅

自从2016年短视频火爆以来,一大批创业者纷纷加入短视频领域,一时之间短视频创业公司在各大一线城市中遍地开花。创业者瞄准了短视频的创业风口准备大展手脚,但是面对众多的竞争者,创业者首先需要了解各方面的信息并且做好准备,尤其是短视频创业初期所需要准备的经费预算。

照常来说,短视频创业有自研创业与采取第三方服务这两种手段,其中采用第三方服务的手段相对而言会比较简单,是与其他企业进行合作的创业行为,但由于其服务质量由经费预算而决定,并且在每一个环节中,第三方收取的费用也不尽相同,因此在此主要讲述创业团队独立创业的经费预算。

短视频团队从零开始创作短视频,在生产内容之前,需要做的准备比较多,比如相关渠道费用。招聘团队成员通常需要在比较正规的招聘网站进行才有效果,尤其是初创团队,否则极容易被人怀疑是骗子。像猎聘、智联、51job这一类的网站都是需要收费才能发布信息的。拉勾、boss直聘、脉脉等平台看起来像是免费的,但是真正起作用的还是收费做推广的岗位发布内容。

在招聘到成员之后的人力成本也不可忽视,这一费用包括员工税前工资、奖金、福利等。制作一个短视频,需要的人员在4~5人,每个人身兼多职,给的工资也不能过低。以深圳地区的工资水平作为参考,短视频团队成员的人均月工资如表3-1所示。

表3-1 深圳地区短视频团队成员人均月工资表

| 岗位 | 人均月工资/(元/人) |
| --- | --- |
| 短视频策划 | 8000 |
| 短视频演员 | 6000 |
| 短视频运营人员 | 6000 |
| 短视频后期制作 | 6000 |
| 短视频拍摄 | 10000 |

除此之外,还要考虑办公设备的费用,包括电脑、基本电器、办公桌椅、办公用品、摄影棚、拍摄器材等。每一样都是在创业之初便需要准备的东西,其中拍摄器材与摄影棚的费用尤其多一些。

不仅如此,在生产内容时需要使用的花费也同样不可忽视。以基础的短视频为例,通常情况下拍摄水平较好的短视频,即便是租借的设备,需要的预算也接近2万元,如表3-2所示。

表3-2 短视频制作预算

| 类别 | 单价/元 | 数量/个 | 备注 | 金额/元 |
| --- | --- | --- | --- | --- |
| 制片组 | 1300.00 | 1 | | 1,300.00 |
| 导演 | 1500.00 | 1 | | 1500.00 |

续表

| 类别 | 单价/元 | 数量/个 | 备注 | 金额/元 |
|---|---|---|---|---|
| 摄影师 | 600.00 | 2 | | 1200.00 |
| 灯光师 | 1500.00 | 1 | | 1500.00 |
| 场务 | 300.00 | 2 | | 600.00 |
| 摄影机 | 800.00 | 2 | BMCC/Kineraw | 1600.00 |
| 灯光器材 | 1300.00 | 3 | | 3900.00 |
| 录音 | 800.00 | 1 | | 800.00 |
| 演员 | 800.00 | 2 | | 1600.00 |
| 车辆等交通费用 | 500.00 | 2 | 来回费用 | 1000.00 |
| 餐食费用 | 500.00 | 1 | | 500.00 |
| 字幕及特效制作 | 1500.00 | 1 | | 1500.00 |
| 旁白配音员 | 700.00 | 1 | | 700.00 |
| 后期制作费 | 2000.00 | 1 | | 2000.00 |

合计金额：￥19700.00

综上所述，在短视频领域进行创业，需要准备的经费包括视频生产前的渠道铺设费用、人员招聘费用以及基础设施费，还有视频生产后的相关费用。将这些费用加起来，大约10万元人民币，另外还需要预留一些作为后期的运营费用。每个团队总体费用具体为多少，还需要根据自身条件进行综合考量。

## 3.1.2 拍摄装备选择与简单影棚搭建实战要点

很多新手通过简单的学习后，都可以在短视频领域中找到相应的岗位，然而在拍摄方面新手是无法一蹴而就的。短视频拍摄是专业性非常强的工作，对于初创团队的新手而言，即便不能立马拍出欧美大片的风采，但如果选对了装备，也相当于成功了一半。拍摄装备包含3个方面，如图3-1所示。

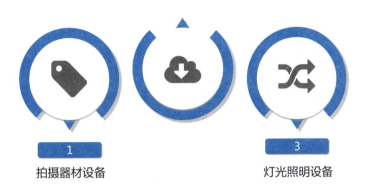

图3-1　拍摄装备的3个方面

### (1) 拍摄器材的选择

创作初期的短视频团队其实并不需要百分百专业并且高端的摄像机，因为在摸索之初，这些器材如果不是非常熟悉的人使用，并不能展现出其作用。因此，初创团队首先可以选择目前拍摄系统已经比较强大的手机进行练习，比如iPhone、华为手机等。一些比较高端的手机机型已经具备较好的视频录制系统，运用得当甚至可以达到DV的水平。因此，初创团队在资金比较紧张的情况下，可以考虑选择手机来充当相机。

手机拍摄效果虽然不差，但是与许多专业拍摄设备还是有一定的差距。因此，如果是资金较为充裕的团队，不妨入手一台单反。当然，这与团队拍摄的短视频方向有关，如果拍摄的内容中静物商品展示较多，静态镜头也会比运动镜头多很多，因此选择焦距较好的镜头配上单反是比较合适的。另外，还可以参考拍摄的场地和布景来选择设备。

单反相机容易操作，使用便捷，对于初创团队的技术要求相对较低，再加上画质相对较好，与专业的高端摄像器材相比，价格更加优惠，因此是众多初创团队的最佳选择之一。

### (2) 脚架的选择

在拍摄装备中，不起眼的脚架却是非常重要的一个选择，在某些时候，摄影师还需要依靠脚架来完成某些特殊的镜头。即便是入手单反相机的团队，也需要好好选择一个摄像机脚架。

事实上，脚架之间的差别也是比较大的。举个例子，miliboMTT609A型号的摄像机脚架是铝合金材质，与钢制脚架相比会轻便许多，但是足以支撑一些常用的摄影机。而对于团队拍摄外景的需求，milibooMTT609A型号的摄像机脚架的卡扣设计便可以迅速抓拍到一些重要镜头。除此之外，milibooMTT609A型号的摄像机脚架在实际使用中非常稳，加上摄像机云台，推拉升降镜头之类的动作将会更加轻易完成。即便短视频节目在后续发展中不断提升拍摄质量，需要配备更为专业的摄像机，一般情况下它也能承载起来。由此可见，选择一个适合团队的脚架设备是多么重要的步骤，但最好是结合团队的发展方向以及摄像机的种类来进行挑选。

### (3) 灯光照明设备的选择

在拍摄设备中，灯光照明设备也是容易被忽视的内容。事实上，灯光布置是短视频画面质量的关键因素。但对于资金不足的初创团队而言，讲究布光原则需要投入较多的资金，因此首先选择还是将画面照亮并且做到光线平均即可。目前初创团队普遍运用LED大灯作为主光，但是这种灯光照明设备效果并不理想，即便是在影棚空间较小的情况下也一样，而且购入价格较高，因此不建议使用。

另外，搭建一个简易的影棚也是拍摄时的必备要素。团队找一个大小比较合适的影棚，最低标准比例为7米×4米×3米。另外，为了减少环境光的干扰，选择封闭式的影棚较为合适，而且影棚墙壁不能反光，否则将会影响拍摄效果，因此反光的、亮面的材质都不要使用。

在搭建影棚的背景纸中，规格以蓝（宝石蓝）、绿（威士忌绿）两种颜色为主，黑色与白色可以作为辅助色。背景纸不能出现皱褶以及大面积的脏点，还需要保证颜色纯正，目前还没有可以替代的颜色出现。

搭建影棚时需要注重设备功率以及网络的设置，而对于短视频的录制来说，很少会需要用到网络，但也可以准备好，以备不时之需。

## 3.2 短视频内容拍摄实战技巧

如今抖音、快手等短视频软件深受大众欢迎,不少用户被吸引并且成为短视频生产者中的一员。普通用户很少会用心研究短视频的拍摄技巧,但是想要通过短视频进行营销的内容生产者却必须要掌握这一项技能。正确掌握短视频内容的拍摄技巧,有助于快速涨粉,对营销能够起到一定的推动作用。

### 3.2.1 手机拍出更好画质的4点设置技巧

对于初创团队而言,使用手机拍摄短视频可以说是家常便饭。手机拍摄便捷性高,分享方便,拍摄清晰度也获得了不小的提升,自然能够成为资金紧张的初创团队的最佳选择。但是手机毕竟还不是专业的拍摄设备,短视频团队想要获得更高的关注度,还是需要呈现出更专业化的效果才能吸引到用户。因此,在此给大家带来手机拍出更好画质的4点设置技巧,能够在一定程度上提升手机的拍摄效果。

#### (1) 设置高分辨率

如今的手机已经能够提供多种分辨率,在拍摄短视频之前,可以将分辨率设置到最佳的拍摄效果。由于目前手机拍摄的一大短板是传感器尺寸问题,因此选择设置最高分辨率通常能够获得较为清晰的视频画质。如果没有注意到分辨率的设置,那么极有可能拍摄出"假"清晰视频,这种视频在手机上观看的时候可能问题不大,但是一旦上传到视频平台中后,清晰度及使用价值可能会大大减低。下面以华为手机为例,介绍一下分辨率的设置,如图3-2所示。

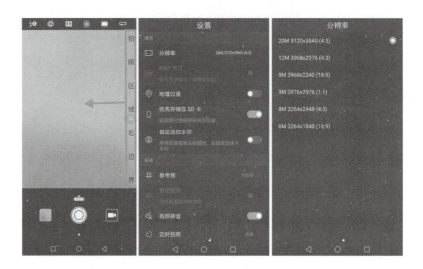

图3-2 华为手机分辨率设置路径

另外,在后期的视频处理中也需要提前设置分辨率,要么选择最高分辨率,要么选择不调整分辨率大小,以此来保证视频的清晰程度。

(2) **精准聚焦**

在拍摄短视频时不用追求速度,因此不要在还未对焦时便点击开始,这样会导致拍摄出来的视频主体有模糊的情况出现。正确的设置拍摄方式应该是使用手指点击手机屏幕,将焦点对准演员或者产品等主体,完成对焦后再开始拍摄,以此来保证短视频画面质量。另外,如果不是刻意为之,摄影师在拍摄之前可以关掉自动追焦的功能,自行寻找对焦点,避免出现再次对焦造成视频画面不流畅的现象。

(3) **选择"专业拍摄模式"**

不少手机为了迎合用户,提供了"专业拍摄模式"。这种模式在感光度、光圈等方面都能够根据环境进行自动调整,即便出现更复杂的拍摄环境时也能够应对自如。除此之外,遇到特定的场景还能选择特定的拍摄模式,比如"美肤模式""动态模式""夜景模式"等,操作起来相当简单,同时还能够获得相对好的画面质量。

### (4) 保持原有尺寸

许多人在拍摄时为了寻找更佳的画面而选择放大拍摄,但手机镜头通常都是广角的定焦的,因此放大拍摄将会导致数码变焦,视频质量会变得模糊,尤其是在原有尺寸比例之下查看则更为明显。

手机作为短视频用户拍摄的常用设备之一,在拍摄之前只要根据以上4点要素进行设置,普通用户也能拍摄出画面清晰精致的短视频。

## 3.2.2　8种更具美感构图方式间的选择

构图是根据短视频的主题以及表达内容的要求,将短视频需要展示的内容进行适当组织,构成协调、完整的短视频画面。通常情况下,构图需要根据4个基本要点而形成,如图3-3所示。根据这4个基本要点,短视频领域中形成了8种普遍运用的构图形式。

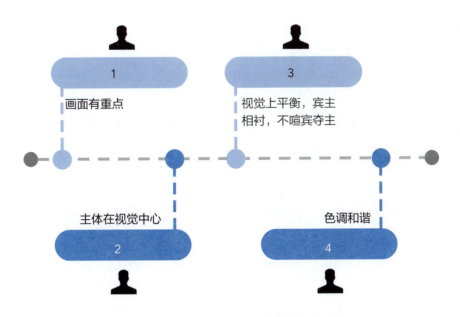

图3-3　构图的4个基本要点

### (1) 对称构图法

对称构图法是电影中相当常见的构图方式，在短视频中也适用。这一构图方式是根据一定的对称轴来使视频画面形成轴对称，拍摄建筑、隧道等事物时最为常见，能够给用户提供一种平衡、安稳的观看感。但是由于短视频的时长限制问题，这一种过于平稳的构图方式会给用户造成"呆板"的感觉。因此，在短视频拍摄中，对称构图法可以用来拍摄纪录片等方向的题材，尤其不适合快节奏的题材内容。

### (2) 引导线构图

引导线构图是通过线条的拍摄来将视频画面的主要表达内容给刻画出来，进而吸引用户眼球的方式。这种构图方式更适合展现出大场景、远景，因此在短视频内容中较为少见。但是拍摄短视频时可以借助这一构图方式的精髓，即增加背景线条并且汇聚在表达主体上，从而形成广阔、博大的感觉。

### (3) 框架式构图

框架式构图是婚礼摄影中最为常见的构图方式，通过框架来将视频画面框起来，进而引导用户查看框内景象，能够产生跨过门框来进入视频世界的愉快感受。通常情况下，框内景色亮度会比框架本身的亮度要明显，形成较大的反差，因此视频摄影师需要注意曝光过度或者曝光不足的问题。框架式构图对于短视频用户来说充满神秘感，能够引导其产生好奇心理，用户点击查看的可能性也更高。

需要注意的是，框架不一定是方形，使用的形状可以是多种多样的。在材料使用上，现场门框、花草树木等都可以作为框架使用。

### (4) S形状构图

S形状构图带有柔软、浪漫的气息，能够让画面具有灵动感。摄影师利用短视频画面的视觉中心进行勾画，从而产生意境美。在短视频拍摄中，S形状构图常用于画面的背景布局或者是空镜头的拍摄。

(5) 九宫格构图

九宫格构图又称黄金分割法构图，是短视频拍摄中最为常用的一种拍摄形式，同时也是拍摄短视频的基础内容之一。九宫格构图是利用上、下、左、右四条黄金分割线，让主题能够展现在黄金分割点上，产生更为平衡的画面。黄金分割线被认为是最具美感的线条，是根据黄金分割比构造而成，如图3-4所示。

图3-4　黄金分割比

通常情况下，黄金分割构图会使用2∶3、3∶5、5∶8等近似值来形成黄金分割点，进而确定短视频拍摄主体的位置，让主体位置达到平衡和美感，如图3-5所示。

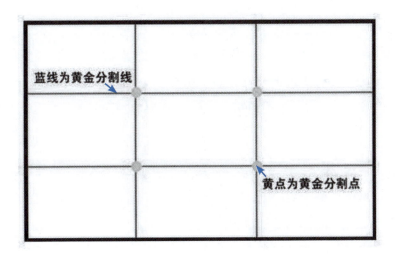

图3-5　九宫格构图

### (6) 三角形构图

三角形构图具备较强的冲击力（三角形棱角），但同时又是稳固的象征（三角形整体），使用这种构图方法将需要突出的主体放在最高的顶点上，因此适合展现较具冲击力的短视频。

### (7) V字形构图

V字形构图是不稳定的象征，但是线条交点处能够形成聚焦点，这需要摄影师有较高的摄影水平才能掌控。

### (8) 对角线构图

对角线构图是形成一种从高到低的落差的构图方式，因此能够在短视频画面中产生运动感与延伸感。

值得一提的是，以上的构图方式在短视频领域中运用的时候，不一定是只使用一种方式，完全可以两种以上的方式结合使用。在进行画面构图时，需要尽可能地将画面清晰展现出来，这才是短视频构图的意义所在。

## 3.2.3　拍摄过程如何利用分镜头使内容更加流畅

分镜头是短视频拍摄制作的一项重要环节，可分为拍摄前准备、拍摄中以及后期处理。在开拍之前，团队需要设计好需要拍摄的画面剧情、内容，并且计划好拍摄的角度、手法等，让短视频能够展现出拍摄时的气氛以及视频张力。

许多拍摄者在拍摄过程中会感到茫然，这正是由于没有剧情以及画面，无法使用镜头来将故事画面尽情展示出来，因此盲目拍摄一些镜头之后，导致最后的短视频内容是拼接而成，缺乏流畅性。

因此，为了使内容更加流畅，在拍摄过程中，利用分镜头让每个镜头都能衔接起来，前期的分镜规划必不可少，甚至可以说是拍摄过程变得更加顺畅的基本前提。通常情况下，前期的分镜规划包括以下7个要素，如图3-6所示。

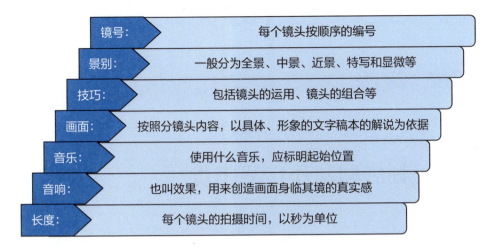

图3-6 前期的分镜规划

　　根据以上的前期分镜规划进行拍摄,只要规划内容无误,通常都能拍摄出较为流畅的短视频内容。当然,在真正的拍摄过程中,也有可能会出现变化,比如天气变化、演员即兴发挥或者是其他不可预见的变化,都会导致分镜头的拍摄有所阻滞。为了不影响整体结构以及镜头之间的衔接,团队应当想好备用方案。

　　另外,分镜头还需要经过后期的编辑,让短视频呈现出更为流畅的效果。为了能够保证后期的编辑内容足够,拍摄过程中的分镜头应当比原本设计的画面长度要长一些,这便需要通过推、拉、摇、移等运动镜头的综合使用。

　　而在后期的分镜头编辑中,虽然需要选取能够鲜明地表达短视频的内容,但还是需要符合整体结构安排,并且进行适当的剪裁和处理,以此来保证短视频的流畅程度。

## 3.3 短视频后期制作实战干货

短视频后期制作是短视频创作中的最后一环，如果后期处理不好，即便短视频内容质量再好、创意再佳、对用户的价值再大，也很难获得用户的认可。因此，在进行短视频营销过程中，后期制作是短视频团队必须学会的内容。

### 3.3.1 手机端简单视频后期处理工具推荐

说到视频的后期处理工具，PS或者PR是人们普遍使用的工具。然而这两款专业软件对电脑的性能要求较高，在手机上应用更困难。除此之外，正是由于这两款工具的专业性，许多新手用起来相当吃力。因此，我们总结出如今短视频博主最常用的手机端后期处理工具，并且每一款都简单上手，方便用户进行使用。

#### (1) 极拍专业版

这一工具能够同时为短视频博主提供多种拍摄模式以及功能，短视频想要拍摄成什么模样都可以。在后期处理中，这款工具能够对视频进行功能叠加，滤镜、特效也可以多层使用，并且在拍摄过程中，这些后期处理功能能够实时完成，不需要等待，随时可以处理为全高清短视频。

### (2) Videorama

Videorama最令人赞叹的是其超强的剪辑功能，甚至能够将视频与图片组合在一起。Videorama中裁剪、调整等功能可以让普通的照片也动起来，对于视频的帮助更加不用多说。而在剪辑过程中，短视频博主可以随心所欲添加自带特效，加快或者放慢视频速度等。与此同时，在Videorama中进行后期处理的短视频不受时长限制，形成多长的视频都可以。

### (3) Montage

Montage工具是裁剪视频成为正方形的好帮手，除此之外，Montage还可以更换短视频中的背景颜色以及音乐，而普通用户根本察觉不出其中的变化以及差距，实现短视频与后期处理的无缝连接。

### (4) Reverser Cam反转视频

这一款后期处理工具的功能不多，但是仍然受到大量用户的欢迎，主要原因在于它能够实现短视频倒着放的编辑，让短视频更具创意，如图3-7所示。

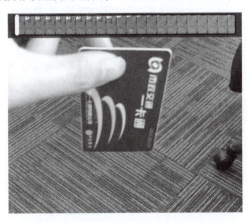

图3-7　Reverser Cam反转视频演示

### (5) Splice

Splice是专业的视频编辑器，操作起来比较简单，包含的功能较多，通过Splice还可以在简iPhone设备上轻松创建定制的短视频。与此同时，Splice所具备的桌面编辑器性能是为了优化移动设备的短视频而专门设置的,通过点击便可直接剪辑、添加滤镜以及慢动作效果等。

### (6) Inshot

短视频后期制作相对来说是比较简单的操作,尤其是在手机上进行更为轻松。Inshot是一款强大的视频编辑App,这款工具中包含了剪辑、合并、分割、调速、转场特效以及流行Vlog的音乐元素,是众多短视频博主的心头所好。

以上6款手机视频后期处理工具都是目前移动端功能较多的App,不仅好用,而且也足够专业,同时还是目前流行程度较高的后期处理制作软件,大家可以根据自己的短视频来下载适合的,通常下载两个或两个以上较好。

## 3.3.2　PC端视频后期处理软件使用要点

在电脑上进行视频后期处理,使用的专业软件尤其多,比如PS、Flash、会声会影之类等。以大家比较常用的会声会影为例,使用这一软件的话,电脑需要达到以下要求(见表3-3),才能让后期处理进行得更为顺利。

表3-3　会声会影对电脑配置的基本要求

| 系统 | 安装有最新Service Pack的Microsoft Windows 7、Windows Vista或Windows XP、Windows 8兼容(32位或64位版本) |
|---|---|
| 处理器 | Intel Core Duo1.83GHz、AMD Dual-Core2.0GHz(建议使用多核心处理器) |
| RAM | 建议使用4GB或以上 |
| 内存 | 128MBVGA VRAM或以上(建议使用1GB或以上) |
| 硬盘 | 3GB可用硬盘空间 |
| 显卡 | 1G以上独立显卡 |
| 显示器 | 最低显示器 |
| 分辨率 | 1024x768 |

由此可见,在电脑上进行后期处理,使用的软件功能需要十分强大,因此一台配置较高的电脑是必不可少的。除了电脑配置以外,在电脑上进行视频后期处

理还有一些使用要点，但是各大软件又有所差别。因此，我们在此以头条力荐的视频编辑软件——编辑星为例，讲述一下这一款工具的使用要点。

编辑星对于短视频博主来说无疑是一大福音，不仅使用是免费的，编辑过后也不会像爱剪辑一样留下水印，是喜欢制作视频的用户的主要选择之一。

编辑星由北京友维科软件科技有限公司研发，英文名字为Qdito。这款软件的界面非常清晰简单，其中具备的功能齐全，非常适合新手使用，同时还支持许多常用的mp4、avi等常见的视频格式。

在制作流程上，编辑星的制作格式为"片头＋视频＋片尾"，其中片头片尾都非常容易完成。以片头举例，只需要选中片头并且选择特效，并且在其中输入自己想要表达的文字内容，最后拖拽到视频栏中便完成了。片尾的制作与片头完全一样，在此不再赘述。

其中的文字内容可以针对字体、文字大小、颜色背景等细节一一进行设置，或者是直接在轨道栏中的字幕的属性中进行编辑。编辑星为用户提供的字体特效默认为4种类型，足够进行简单制作。

而在视频正片的制作当中，可以直接剪切或者翻转短视频。不仅如此，对短视频进行简单的色彩修复也是可以的。另外，编辑星默认每个视频的显示时长为10秒，短视频博主想要改变可以右键单击短视频并且选择属性来设置应用时间。

设置并且排列好短视频之后，还可以添加转场以及影像效果。转场是在视频与视频之间添加一个过渡的特效，是让短视频内容连贯得更彻底的有力手段；影像效果则是针对单个视频添加的特效，能够借助红线来完成自己想要的设置效果。除此之外，还可以将常用的一些效果拖拽到效果收集栏中，有效提升后期编辑的效率。将以上步骤完成之后，短视频博主检查一下经过后期处理的效果，满意的话便可直接保存发到各大短视频平台中。

编辑星仅是众多短视频后期处理软件中的一员，日常所需的效果基本都包括了，能够满足短视频博主的各种基本需求，但在使用时也存在不足之处。当短视频博主经过不断学习后，或许可以尝试一下更为专业的Adobe Premiere等软件，来了解更全面的使用要点。

### 3.3.3 短视频配乐及背景声选择技巧

对于短视频的配乐以及背景乐的选择，其实并没有固定套路，但是也不代表能够将音乐生搬硬套到短视频当中。经过仔细观察便可以发现，播放量高的短视频的配乐或者背景声都是与短视频的内容、表达形式等有所关联的。虽然这些声音起到的只是辅助作用，但是选择一款与内容相搭配的声乐更容易带动用户的情绪，实现短视频的价值。虽然配乐及背景声没有特定的公式，但是仍有一些小技巧可以遵循。

第一，明确短视频内容，根据情感基调选择短视频的配乐以及背景乐。短视频博主要对自己的短视频内容有一个大概了解，比如究竟是要表达搞笑欢乐的内容，还是想要展示温暖人心的温情故事。在明确想要表达的情感之后，再选择与短视频内容属性相应的配乐以及背景乐，毕竟不同配乐给用户带来的情感体验是大不相同的。

第二，把握短视频节点，灵活调整配乐以及背景乐节奏。对于长镜头较多的短视频而言，节奏缓慢的音乐更加适用于这一场景，而多个镜头画面快速切换的视频便与节奏较快的配乐以及背景乐相匹配。由此可见，镜头切换频次与音乐节奏在通常情况下是呈正比关系的，因此短视频博主需要在不同节点时灵活调整与短视频内容相适应速率的配乐以及背景乐。

第三，不知道选择什么音乐的时候，轻音乐是最好的选择。轻音乐包容度较高，与其他节奏的音乐相比，携带情感色彩比较淡，因此能够降低配乐不当的风险。

下面便以生活类的常见的短视频的3个方向为例，说明这3个类型最适合选择什么样的配乐以及背景乐。

#### (1) 美食类

如今短视频的美食类内容多数往精致方向发展，以"治愈"的名义获得用户的欢迎。因此，对于这一类美食短视频，选择听上去能够产生慵懒与幸福感的音乐是最恰当不过的，比如欢快愉悦的纯音乐。

以温暖治愈著称的"日食记"账号在选择配乐时，通常都是以舒缓温情的英文歌曲为主。比如在一期制作春饼的短视频中，"日食记"账号的配乐为

Andrew Allen（安德鲁·艾伦）的《Sooner》，整体的曲风温馨愉悦，俏皮轻快，符合春天的气息，让用户在获得视觉享受的同时，在听觉上也能产生愉悦的感觉。

### (2) 时尚类

时尚类的短视频面向的用户主要是年轻人，因此选择的配乐以及背景乐最好是符合年轻人时尚气息的，比如流行乐、摇滚乐等自带年轻时尚属性的音乐，能够让短视频瞬间提升为时尚前沿大片，让年轻用户产生激情四射的活跃感。

美妆短视频博主"扇子-NFNF"在一期教学日常妆容的短视频中，选择了当下最受欢迎的流行歌曲《This girl》，这首歌曲曲风张扬，让用户在查看短视频时也能感受到一种舍我其谁的气场。

### (3) 旅行类

旅行类的短视频的内容都是各地风景，因此大气磅礴的配乐以及背景乐是短视频博主的首选，让用户查看风景的同时产生身心放松的感觉。另外，旅行类的短视频而可以选择"清冷风"的配乐以及背景乐，一是由于这类音乐的强包容性适合各种场景，二是有的短视频博主喜欢将短视频画面调整为灰白冷色系，这种类型的配乐以及背景乐与这些色调更相符。不仅如此，"清冷风"的配乐以及背景乐自带较强的叙事性，音符时而舒缓时而澎湃，是提升剪辑质量的一大帮手，能够将旅行的"格调"充分显示出来。

比如，短视频博主"女行"在翡翠岛拍摄风景时，选取了《Beautiful it hurts》作为配乐，让用户产生"灵魂在路上"的冲动，与该期短视频所宣扬的"帅气女神"格调相符，让用户感到心情潇洒愉悦。

## 3.3.4 短视频logo及片头片尾设计实战方法

短视频logo及片头片尾设计对于短视频来说能够起到锦上添花的作用，让短视频的内容在传递过程中获得更好的效果，同时还可以强化短视频节目，让用户留下深刻印象。在此，我们便针对这3方面的内容进行介绍，并且讲述应该如何设计才能发挥最大的效果。

### (1) 好的节目logo让短视频赢在起跑线

节目logo通常代表了节目本身，一个好的logo能够帮助短视频在众多节目中脱颖而出，进而传达出短视频栏目的定位，以此来吸引更多的垂直用户，为变现奠定良好的基础。除此之外，logo还能够帮助节目不断进行裂变传播。因此，短视频博主在做节目包装时，需要从logo进行设计，让logo变得更加吸引人。

设计短视频logo可以适度加入已经融入用户生活中的超级符号，并且每一种符号都具备一定含义，用户在一定程度上将会按照含义的指示执行一些行为（图3-8）。需要注意的是，超级符号要选择与节目调性相符的、为大家所熟知并且认可的，让用户看到这些符号时能够产生相应的联想。比如做一款安全类的节目，那么便可以选择有关安全的黄色的符号，因为黄色本身代表着安全的含义，能够让用户迅速警惕起来，也将短视频节目的定位清楚表达出来了。这样的logo能够让用户一看就知道内容是表达什么的，有利于培养垂直粉丝。

图3-8 短视频节目logo

除此之外，logo的色彩需要足够显眼，因为手机屏幕相对较小，需要具备视觉刺激性的亮色来迅速吸引用户，比如红色。鲜艳的色彩最能刺激没有目的的用户进行观看，但不代表要设置过多花里胡哨的内容，否则还有可能引起反效果。

### (2) 片头是logo的强化

片头是logo的强化，是内容的首要呈现，设计一个好的开头，也是让短视频涨粉的有效手段之一。在设计片头的过程中，短视频团队可以在片头中加入导流转化点，从而提高用户对短视频的认知度。用户虽然反感广告，但是导流转化的片头却是用户能够接受的。

设计一个与短视频节目相符的片头，需要与节目分类、定位等方面也协调起来。像时尚动感的短视频风格，如果设置一个古风的片头便会显得相当违和。另外，不少团队的片头字体都是黑体，能够在各种场景之中都给用户呈现出专业、正式的感觉，但如果放在搞笑活泼类的短视频中则显得相当不合适。

另外，在设计片头的过程中，尽量不要套用免费的模板，否则将会对节目风格定位造成影响。片头不需要酷炫，但一定要展现出专业定位。当短视频发展壮大之后，短视频开头还会发展成为超级符号，以此来衬托内容。而套用免费模板并不利于说服用户对短视频团队的信任，让短视频团队缺乏信服力，不利于短视频日后成为IP并且变现。

在片头制作时，还有一点需要密切关注的，便是片头的时间限制。用户能够接受片头的存在，但是不能接受时间太长的片头，因此对于短视频片头的要求通常掌控在5秒甚至是3秒之内。为了能够保证用户对片头的耐心，短视频团队需要在片头中加入有实际内容的创意。在实在缺乏创意的情况下，短视频只需要在片头中强化logo，让时长控制在3秒之内即可，否则将会影响到用户的观看体验，导致粉丝流失。

### (3) 片尾是刺激播放完成率的保障

片尾是争议最大的一点内容，有的短视频团队认为片尾没有必要存在，殊不知片尾能够刺激播放完成率。短视频的片尾需要短，还可以加入一些互动、转化、导流点，比如抽奖，用户更容易接受这种形式。短视频团队将抽奖内容放到片尾，用户产生好奇心便会观看完短视频，因而起到刺激播放完成率的作用。

# CHAPTER 4

## 内容分发：
## 各短视频渠道高播放量
## 分发技巧

短视频博主生产一条内容，应该通过什么渠道进行发布才能实现收益最大化，这是众多短视频团队都在思考的内容。事实上，每一个视频分发渠道都具备自身特点，短视频团队只有先了解各大平台的分发特点，再结合自身内容情况选择分发平台，才有可能获得高播放量。

# 4.1 两大短视频平台类型在内容分发上的特点

如今短视频平台在分发上可划分为2种类型：一是订阅导向短视频分发平台；二是推荐算法导向短视频分发平台。以目前总体的状况而言，大多数平台以推荐分发为主，订阅关注为辅，而这2类平台也各具特色，短视频团队需要学习一下，为选择适合自己的平台奠定基础。

## 4.1.1 订阅导向短视频分发平台特性

订阅导向短视频分发平台以微博、微信或者QQ空间等社交平台为主，用户经常能够看到一些引导转发分享的特质，这说明这一类平台对于内容的规定还是相当开放一些的。对于订阅分发短视频平台来说，垂直品类短视频是获得分发机会最多的内容。除此之外，基于订阅导向短视频分发平台普遍的规定行业下限的开放式环境，短视频博主需要具备足够高的敏感度，才能及时跟进一些新的内容传播，以此来形成时间差，并且在时间差中收获红利。

与推荐算法导向短视频分发平台相比，订阅导向短视频分发平台分发的内容更具品牌忠诚度，用户与短视频博主之间通过互动与关注的联系更强，并且能够有效保证用户黏性，不会因为内容在某一天失去新鲜度而停止获利。因此，对于短视频博主而言，只要在订阅导向短视频分发平台经营好粉丝，那么获得分发的可能性便更大。下面通过3方面来总结一下订阅导向短视频分发平台特性，如图

4-1所示。

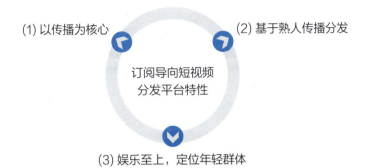

图4-1 订阅导向短视频分发平台特性

### (1) 以传播为核心

以微博为例,微博实现去中心化转型以来,短视频平台的热度也随之获得高度提升。回顾微博多年来的经营,可以发现其在传播上具备得天独厚的优势。因此,如果短视频博主的第一目的是要获得传播,那么通过微博来达到目的是不错的选择。但需要注意的是,微博平台的传播能力虽然强,但是在转化上却十分困难,持续发展下去将会导致短视频变现陷入瓶颈。

### (2) 基于熟人传播分发

以微信为例,微信用户集中在25～45岁,具备一定的消费能力,并且相对成熟以及商业化。在微信中,短视频博主发布短视频内容通常是通过微信公众号进行,朋友通过用户转发到朋友圈、微信群形成人际关系之间的传播。另外,微信平台对于支付内容的支持,让短视频基于熟人传播的机制能够获得更可观的传播量以及转化率。

### (3) 娱乐至上,定位年轻群体

以QQ空间为例,QQ空间是最早突破10亿短视频日均播放量的平台之一,由此可见其短视频发展的优势。QQ用户群以15～35岁为主,并且占据了70%的比例。年轻群体的用户属性决定了QQ空间的分发特性——娱乐至上。这些年轻用户群体的生存压力小但是精神压力大,需要通过娱乐来缓解压力,这也凸显出来QQ空间短视频在娱乐方面所蕴藏的巨大价值。除此之外,基于QQ空间短视频的用户群体，这一平台的短视频内容可以成为明星、动漫、游戏等内容的最佳载体，因此在分发上也以这些内容最受青睐。

综上所述，订阅导向短视频分发平台是基于粉丝用户的自发性来形成传播，并且获得播放量，这便要求短视频博主在优质内容的基础上，通过各种手段来维护好与粉丝的关系。

## 4.1.2 推荐算法导向短视频分发平台特性

算法推荐是基于短视频内容画像以及用户画像结合而运行的，在推荐算法导向短视频分发平台中，最具代表性的平台自然是今日头条。对于用户画像，今日头条资深算法架构师曹欢欢博士表示，"今日头条常用的用户标签包括用户感兴趣的类别和主题、关键词、来源、基于兴趣的用户聚类、各种垂直兴趣特征，以及性别、年龄、地点等信息。性别信息通过用户第三方社交账号登录得到。年龄信息通常由模型预测，通过机型、阅读时间分布等预估。常驻地点来自用户授权访问位置信息，在位置信息的基础上通过传统聚类的方法拿到常驻点。常驻点结合其他信息，可以推测用户的工作地点、出差地点、旅游地点。这些用户标签非常有助于推荐。"除了用户画像之外，推荐算法导向短视频分发平台在内容画像上具备了以下3点特性，如图4-2所示。

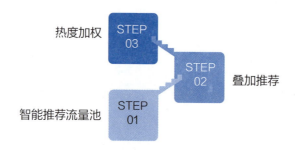

图4-2 推荐算法导向短视频分发平台特性

### (1) 智能推荐流量池

当一个短视频发布到平台上时，平台会对比得知这是新的内容，并且给内容进行第一次推荐。通常情况下，新视频被推荐的范围通常都是以附近和关注为主，同时结合用户标签以及内容标签来进行智能分发。通过初次分发的短视频能够获得的播放量、转发量等指标都比较高的情况下，短视频有机会获得算法推荐的持续加持流量。

根据算法，平台给每一位用户分配一个流量池，即便用户没有粉丝关注量，所发布的符合平台规定要求的短视频依然能够获得查看量，这便是流量池。根据短视频在流量池中的表现，平台再决定是否将内容进行大范围推荐。由此可见，在推荐算法导向短视频分发平台中，即便是一个毫无名气的新人，只要内容足够优秀，也有机会与短视频大号分庭抗礼。

### (2) 叠加推荐

举个例子，短视频在发布之后被推送给附近若干位用户，而短视频的各项指标统统达到一定比例，那么系统将会认为这则短视频是用户所喜欢的内容，便会自发为内容加权，并以此类推不断叠加。因此，有的短视频在发布内容之后，经过一夜突然获得了几百万的播放量，这正是得益于推荐算法导向短视频分发平台大数据算法的加权。

叠加推荐是以短视频内容的各项综合指标来进行评估的，包括完播率、点赞量、评论量、转发量等。每获得一次叠加推荐，在下一次的表现中便要更好，这是根据梯级权重而运行的，因此走到最后成为现象级的短视频非常少。

### (3) 热度加权

点击查看推荐算法导向短视频分发平台中一夜爆火的内容，通过分析后可以发现，这些短视频的播放量基本都达到了百万以上，而完播率、点赞量、评论量、转发量等指标也毫不逊色。由此可见，在经过平台用户的层层检验并且形成热度后，短视频内容才有机会进入平台的推荐内容池，进而接受上百万甚至上千万的大流量洗礼。而热度权重是会根据时间来进行选择的，因为短视频内容能够维持的热度最多也就一周，除非获得了大量用户的跟风模仿。因此短视频博主需要具备持续输出爆款的能力，以此来保证内容热度。

订阅导向短视频分发平台基于粉丝累计数而进行传播，虽然在推荐算法导向短视频分发平台中也同样看重粉丝量，但是最为看重的还是短视频对内容的包装。因为只有内容能够符合机器算法的标准，同时还要迅速抓住用户眼球，才能获得更多的推荐量。

## 4.2 如何选择适合自身内容的短视频分发渠道

2018年，短视频发展呈现井喷之势，短视频营销继续火爆，而抖音平台更是被众多商家评为"带货圣地"。与此同时，快手、爱奇艺等短视频平台也不甘落后，纷纷在发展中获得了相对亮眼的成绩。在百花齐放的短视频平台中，短视频博主需要选择符合自身气质的分发渠道，才有机会获得高播放量，成为众多短视频账号中的佼佼者。

### 4.2.1 短视频内容定位与平台特性间的契合度分析

每个短视频平台都具备自己独特的标签，因此在筛选内容上也形成了自己的偏好。与平台特性相一致的内容，将会更加受到平台与用户的喜欢，因此在入驻平台之前，短视频博主需要提前分析自己打算创作的短视频内容方向与各大平台之间的契合度，全面了解各平台调性，看自己是否与平台所定位的目标受众相符。在此，我们选取了目前最为火热的6个短视频平台，进而分析这些平台的特性，如表4-1所示，以此来帮助短视频博主选择与自己内容方向契合度最高的平台。

表4-1 当下最为火热的6个短视频平台特性

| 平台 | 定位 | 视频长度 | 画篇 | 运营模式 | 人群属性 |
|---|---|---|---|---|---|
| 快手 | 记录和分享生活 | 1分钟左右 | 主流竖屏 | P+U系平台 | 24岁以下年轻女性用户为主,三四线城市渗透率高,博主多为农村背景 |
| 抖音 | 专注年轻人的15秒音乐短视频社区 | 15秒以下 | 主流竖屏 | U系平台 | 24岁以下年轻女性用户为主,一二线城市渗透率高 |
| 火山小视频 | 15秒原创生活小视频社区 | 15秒以下 | 主流竖屏 | P+U系平台 | 30岁左右的三四线城市用户,鼓励农村用户 |
| 西瓜视频 | 个性化推荐的短视频平台 | 2～5分钟 | 横竖兼有 | P系平台 | 以"80后"到"95后"为主 |
| 美拍 | 女生最爱的潮流短视频社区 | 15秒以下 | 横竖兼有 | U系平台 | 年轻女性群体为主 |
| 秒拍 | 女生最爱的潮流短视频社区 | 15秒以下 | 横竖兼有 | P系平台 | 以"80后"到"95后"为主 |

## (1) 快手

快手在短视频领域深耕多年,造就了"天佑""二驴""散打"等短视频大号博主,而"双击666""老铁"等网络流行词也是从这一平台中催生出来的。快手的定位决定了其特殊的社区氛围,将主力市场分布到三线以下的城市以及农村,反映了目前大多城市、农村的真实现象,以此来满足城镇用户对农村用户的好奇心以及农村用户的表达欲望。因此,快手短视频平台内容以通俗接地气的调性为主,通过猎奇、搞怪、趣味等分类内容来将镜头聚焦到普通用户身上,用户更容易从中产生真实感。

## (2) 抖音

抖音短视频平台用户都是当代年轻人,大量的"95后""00后"聚集在此,聚焦了才艺系列、人物系列、PGC系列等各系列的短视频内容。通过有趣、潮酷、年轻的内容调性,抖音抓住了更多年轻用户的需求来进行发展,并且衍生出各种各样的短视频趣味玩法。

### (3) 火山小视频

火山小视频的平台整体风格倾向于生活化，并且涉及八卦猎奇，其中以做菜、搞笑、玩乐等短视频内容为主，比如吃播、生活技巧或是广场舞之类的短视频，部分与快手平台的调性相符，但是内容的新奇度以及吸引力上略有不足。

### (4) 西瓜视频

西瓜视频可以说是今日头条的视频版本，是今日头条作者的一个创作平台，内容涉及范围广并且比较全面，既有潮流综艺推荐展示，也涉及了新农村板块内容。但由于该平台的多数内容是通过影视素材进行剪辑并且自行配音制作而成，随后再将短视频主题重新设定，会让用户反复收到同样内容的短视频推荐。

### (5) 美拍

美拍垂直于游戏、穿搭、购物分享等品类，并且形成类似于papi酱这样的强个人魅力系列、李子柒美食这样的给用户新鲜体验系列、谷阿莫解说这样的帮用户节省时间系列等。但总体而言，美拍还是专注女性化生态，围绕生活娱乐等多方面进行，视频整体内容平铺直叙，很少会出现反转类节目。

### (6) 秒拍

秒拍从电子竞技到网络搞笑，从唱作歌手到舞蹈达人，涉及的范围比较广。秒拍借助微博的社交效应汇聚了大量明星红人，同时聚集了大量短视频的头部账号，与2000多家MCN（Multi-Channel Network，多频道网络）公司形成合作，平台调性非常广泛。但总体而言，秒拍注重内容的专业孵化，因此通过用悬赏、排行榜机制来督促短视频账号生产高质量内容。

除此之外，遇到一些与平台有摩擦的地方，短视频博主还需要进行自我调整，让自己的内容更加符合平台特性，这便需要短视频博主学会了解并且适应平台的规则，再进行完善。

## 4.2.2 不贪多，各分发渠道取舍原则

目前的短视频分发渠道数量超过40个，如果短视频博主将每个渠道都进行分发，先不说人力不足，运营效果也不好。因此，短视频博主在选择分发渠道时不能贪多，否则得不偿失。在进行选择之前，我们先来了解一下短视频分发渠道的种类。

①推荐渠道　指短视频的播放量主要依靠平台推荐而获得，人为因素的作用较小，比如今日头条。

②视频渠道　指通过人为搜索或者平台编辑推荐而获取的短视频播放量，如果短视频能够在这些平台中获得好的推荐位，那么播放量也会随之而增加，比如搜狐视频。

③粉丝渠道　指播放量主要受粉丝数量多少影响，而个别的粉丝渠道也引入了平台推荐机制，比如美拍。

短视频运营团队的人数往往不会太多，尤其是对于初创团队而言。人力有限、资金不足等因素制约了团队对短视频分发渠道的选择。与此同时，分发渠道过多，团队难以进行精细化运营，导致没有在任何一个渠道中获得明显成效。因此，对于短视频团队而言，选择分发渠道应当有所取舍。首先考虑的选择因素通常是短视频平台提供的分成机制，另外还要注重短视频品牌与粉丝因素。

### (1) 有分成的渠道必须选择，并且可以加入运营力量

分成是短视频运营初期的变现选择，因此短视频如果不是签约了其中一家，发布独家内容，必须要在所有有分成的平台中都予以发布。为了方便大家参考，在此总结出市面上部分短视频渠道的分成表现，如表4-2所示。需要注意的是，短视频的标题、首图、标签、介绍等都会影响到播放量以及分成，因此短视频博主在制作视频时，需要着重注意这些细节因素。

表4-2 市面上部分短视频渠道的分成表现

| 类型 | 渠道名称 | 是否有分成 | 备注 |
|---|---|---|---|
| 推荐渠道 | 今日头条 | √ | 要申请个人才有分成 |
| | 天天快报 | √ | 申请原创后可以有更多分成 |
| | 一点资讯 | √ | |
| | 网易自媒体 | × | |
| | UC号 | × | 有分成计划 |
| | 360北京时间 | × | |
| 视频渠道 | 优酷视频 | √ | |
| | 腾讯视频 | √ | 不是所有分类都有分成 |
| | 爱奇艺 | √ | |
| | bilibili | × | |
| | 搜狐视频 | √ | |
| | 土豆视频 | √ | |
| 粉丝渠道 | 美拍视频 | × | |
| | 秒拍视频 | × | |
| | 榴莲 | × | |
| | 微信公众号 | × | |
| | QQ订阅号 | × | |

### (2) 今日头条首发

在选择分发渠道时，建议在今日头条上首发。通常情况下，在今日头条首发的内容能够获得的推荐量比其他平台多，因此播放量也会相对多一些。而且今日头条的用户群庞大，其推荐值算法也完善到一定程度，因此能够在一定程度上反映了短视频内容的受欢迎程度。如果在这一渠道上分发内容获得不错的播放量，再在其他渠道进行分发，效果也不会差到哪儿去。除此之外，今日头条的评论功能能够让短视频博主迅速了解用户对内容的反馈，并且及时获知是否存在错误，以便于及时优化后再分发到其他渠道上。

### (3) 美拍是重要的运营渠道

美拍平台能够成为重点发布运营的渠道，是因为该平台的用户所提出的评论内容相对客观，短视频博主根据这些反馈，可以对下一期节目进行优化，通常能够取得不错的效果。除此之外，美拍平台运营人员的审核和推荐机制都比较完善，执行起来比较客观，对优质内容的播放量有很大的帮助。

总而言之，短视频分发渠道的选取，还是需要建立在优质内容的基础上进行。只有优质的内容才能被用户所接受，进而在各大平台中才能获得更好的表现。

# CHAPTER 5

# 数据驱动内容运营：短视频成为爆款的关键

短视频内容生产并不是一件依赖创作灵感便可完成的事，想要持续产出优质内容，除了创作才华，短视频团队需要具备相对敏感的数据思维，学会使用数据指导短视频内容的生产、传播以及变现等每一个流程，让短视频走向爆款之路。

## 5.1 搞懂推荐算法：短视频数据运营要点

如今大多数短视频平台都是采取推荐算法来分发内容，即便暂时没有使用这一推荐机制的平台也准备布局，推荐算法已经成为短视频领域分发内容的大势所趋。短视频团队想要做好账号冷启动，研究算法机制是必不可少的。

短视频博主每发布一条视频，便能够收获算法推荐带来的数据反馈，包括播放时长、点赞数、评论数、转发数等，而短视频博主利用这些数据来不断优化短视频内容，并且进行短视频运营，如此循环往复，将会获得不错的播放成绩。

### 5.1.1 平台进行算法推荐的基本流程

短视频如今作为风口，涌入的平台与个人都在迅速增加。在如此多用户提供的海量信息内容面前，将每一个视频都进行人工审核与推荐是不现实的。大多数平台应对海量信息，都得依靠算法进行审核并且推荐。作为参与短视频营销的乙方，了解平台算法推荐流程，以此来完善自身内容，获得高推荐率是非常有必要的。在当前的技术条件下，各大平台的算法推荐基本流程包括以下4个步骤，如图5-1所示。

图5-1 各大平台的算法推荐基本流程包括的4个步骤

(1) 第一步：审核与筛选

用户所上传的短视频内容、填写文案以及标签等，都是审核的基本内容。审核过后剔除一些敏感的、违法的、不符合平台要求或者定位的内容，筛选出正常健康的视频内容呈现到用户面前。

(2) 第二步：少量推荐

筛选出来的短视频内容会随机推荐到少量符号标签的用户的界面上，用户点击查看之后形成反馈数据，将由平台进行再次收集，以便进行下一步的推荐。通常情况下，如果某个短视频能够获得高点赞量、高播放量、高转发量或者高评论量，能够被平台进行再次推荐的可能性会更大，因而收获更多用户的观看。与之相反的是，指标并不可观的短视频将有可能会湮没在海量的短视频当中，播放量也并不可观。

由此可见，这一环节是决定短视频发展走向的关键性步骤。具备较强实力的团队能够在内容上先贴合用户需求，让平台推荐到更多用户的手中。除此之外，这些团队还可以人为干预短视频的点赞、评论以及转发数量，通过组织人手来增加指标数量，以此来争取短视频内容能够在下一环节中得到的推荐。但是根据不完全数据统计，大约有80%的短视频止步于这一环节。

(3) 第三步：大量推荐

能够到达这一环节的短视频大多是比较精品的内容。通过前期的小范围测试后，短视频将会被平台分发给大量用户，获得更多的播放量。在这一步骤当中，点赞、评论、观看完成度、转发等指标数据同样是平台考验的内容，而那些获得几百万甚至上千万播放量的短视频正是在这一步中形成的。但是在一路推荐的过程中，无数短视频已经被平台筛下去，能够形成超级流量的短视频所占比例根本不到1%。

**(4) 第四步：重复**

重复是指平台在收集数据后不断完善自己的算法机制，并且不断重复以上3个步骤，以此来给用户推荐他们最喜欢的优质短视频内容。

以上四步是基于算法主导而形成的推荐流程，短视频内容分发的过程中，都会被平台或多或少地进行干预。而对于短视频平台内的头部账号，更容易获得平台所提供的流量倾斜，在通过第一步的审核与筛选之后，极有可能会跳过少量推荐的步骤，直接获得大量推荐。

## 5.1.2　短视频内容获得更高推荐量的8个数据维度

短视频的推荐量是播放量的重要前提，想要获得推荐量，必须满足各大平台指标才有可能获得更大范围的推荐。今日头条曾经发布公告称："为了优化智能推荐系统，让作者获得更公平、更稳定的推荐量，推出了'指数'这一评分指标。指数可以切实影响到作者发布的内容的推荐量。作者如想进一步提升自己内容的推荐量，提高头条号指数是一个行之有效的方法。"而公告中提到的"指数"，便是短视频内容获得更高推荐量的8个数据维度，如图5-2所示。

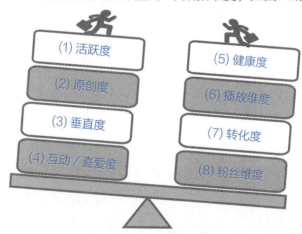

图5-2　短视频内容获得更高推荐量的8个数据维度

### (1) 活跃度

活跃度代表短视频账号生产内容的数量、频率等，相当于员工上班打卡一样，短视频账号也需要通过更新内容来"刷存在感"，以此来保障账号的活力。目前各大平台对于视频发布数量、频率还没有具体的规定，并且各方之间要求也不尽相同，但通常情况下原创的、优质的并且更新频繁的是最好的。

### (2) 原创度

原创度是指短视频博主自己进行创作的内容，而不是基于其他博主的成品内容来进行再创作。需要注意的是，各大短视频平台逐渐增强了对原创内容的保护力度。

原创度是短视频平台引导博主在保证内容数量的基础上实现质的飞跃，毕竟只有在"量"与"质"两个维度都得到保障的情况下，用户在第一时间获取新鲜内容所获得的用户体验是最佳的，同时也是平台引流的重要手段。

### (3) 垂直度

企鹅号对于垂直度的定义是，"账号垂直度考察的是账号在所属专业领域内发表内容的专注程度，文章变异越少账号垂直度越高"。也就是说，在短视频博主的内容设计交叉领域并且进行调整，垂直度很有可能会降低。但事实上，博主偶尔调整内容角度是可以的，但不能频繁变动。

另外，头条也发布了关于"取消文章分类的公告"，表示"随着推荐算法持续优化和机器识别能力不断提升，作者自选分类在推荐过程中已不发挥实际作用。因此，平台将取消作者自选分类"。也就是说，短视频博主自行定义的分类对于计算垂直度的作用不大，因此还是通过算法以及用户反馈来获取这一指标较为有效。

### (4) 互动 / 喜爱度

互动 / 喜爱度是指短视频账号受到用户的欢迎程度，这需要短视频博主通过鼓励用户对内容进行讨论、转发来提升互动度。与此同时，短视频博主也要及时回复一些优质评论，而对于负面的评论最好及时删除。

### (5) 健康度

健康度比上述的几个数据都要更严肃一些,能够代表短视频账号的整体素质。通常情况下,短视频账号的健康度的考察内容是对违规、涉嫌违规或者擦边的程度进行评测,比如抄袭内容、传播有害信息等。需要注意的是,"标题党"所造成的内容与标题严重不符,导致用户观看体验下降,被举报或者机器识别之后,也会造成健康度的下降。

### (6) 播放维度

播放维度即众所周知的收视率的代名词,是用来评估视频内容受欢迎程度的重要体现,也就是短视频的播放量。短视频的播放量越高,说明获得推荐的可能性越大。

### (7) 转化度

转化度是最直接体现用户对内容认可程度的指标,用户通过短视频获取有效信息并且被打动之后,才有可能转化成为粉丝,才是对短视频的一种真正的认可。

### (8) 粉丝维度

粉丝维度代表了短视频账号的整体影响力,可以从粉丝的忠诚度、粉丝量等各个维度进行估量,在很多场景之下,也是平台重点关注的指标。

短视频博主做好以上8个指标数据,便有很大的可能性获得各大平台的推荐,进而让短视频内容获得更大范围的传播,提升自身影响力。

## 5.1.3 短视频内容如何成为编辑精选

无论任何事物,任何内容,都有佼佼者存在,而编辑精选便是短视频领域中优质的、被平台和大众认可的内容。成为编辑精选内容的短视频账号的影响力自然会大幅度提升,与此同时还能收获大量粉丝,未来的变现之路也会走得更加容易一些。那么短视频内容如何成为编辑精选呢?在此通过两个方面进行解答。

### (1) 在内容制作方面

短视频内容成为编辑精选，那么内容的选题制作必然是最为关键的要素。内容需要给用户留下深刻的印象，并且引起用户共鸣，用户才会认可这一内容。通常情况下，编辑精选的短视频内容根据以下5个方向进行制作，往往能够获得不错的效果，如图5-3所示。

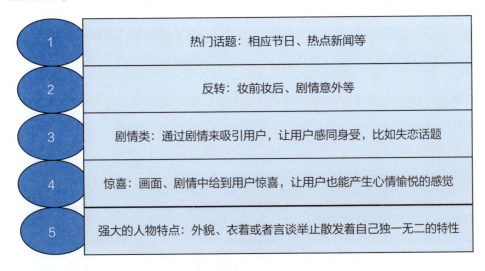

图5-3　编辑精选的短视频内容制作的5个方向

以上5点内容也是短视频编辑精选中最为常见的火爆内容方向，在选题上找对了方向，接下来的制作便简单许多，因此做好这一方向，往往能够起到事半功倍的作用。

### (2) 在拍摄及处理方面

在拍摄制作上，短视频需要注重的细节有很多，比如视频画面需要清晰，饱和度要高，不能出现花点、马赛克等影响画面观感的现象。而且视频风格要符号账号的调性以及生动自然的基本要求。根据以往的编辑精选记录来看，真人出镜的动态风格更容易形成编辑精选内容。除此之外，短视频账号还需要根据平台定位来选择视频的时长，像映客、美拍、抖音等平台都需要控制在15～20秒。有些短视频平台会支持本地上传，但是整体来说，使用平台自有App拍摄的内容更容易获得认可，而像微视、伙拍小视频等短视频平台，虽然也支持本地上传，但是如果不使用平台自有App拍摄的内容进行上传则需要上报审核。即便内容的质量要达到要求，但数量仍然不能少，因此短视频博主必须保持账号的活跃度，增加成为编辑精选的概率。

当然，无论是任何平台，都以积极向上的内容最受欢迎，成为编辑精选的可能性也最大，而恶意搬运甚至是抄袭的短视频内容，不仅无法成为编辑精选，短视频账号整体都会受到牵连，因此短视频博主还是坚持原创内容较好。如果短视频内容能够在垂直领域中一展风采，成为该领域的佼佼者，成为编辑精选也指日可待。

编辑精选还是要基于用户的认可而存在的，因此短视频账号在平时需要认真维护好与粉丝之间的关系，比如回复优质评论，或者通过反馈的有效评论来了解用户的需求，进而根据用户要求进行适当调整，制作用户更喜欢看到的短视频内容。

## 5.1.4　各大短视频平台推荐机制间的不同点

每一位短视频博主都想成为平台中的佼佼者，并且获得更多的播放量。然而每个平台都有自己的推荐机制，短视频博主只有充分了解了各大平台推荐机制的规则，才能够对症下药，在每个平台中发布更符合平台调性的内容。在此，我们通过抖音、快手以及微视3个平台，来了解平台之间推荐机制的不同点。

### (1) 抖音

抖音平台的算法机制对于用户而言是有着独特魅力的，即去中心化。比如短视频博主在微信公众号发布内容，如果没有粉丝，就没有人点击进去查看，但是抖音平台不一样，用户拍摄的任何视频，无论质量好坏，只要符号审核标准，发布后便一定能够获得播放量，只是量多与量少的差距而已。

我们可以将抖音的推荐机制当作是流量池，根据算法给每一位用户分配一定的流量池。如果短视频博主在这个流量池中表现得好，那么其短视频内容将有机会被推荐给更多用户，而流量池的推荐则是根据点赞量、评论量、转发量、完播率这4个标准来进行评判。因此短视频博主需要在一开始便想方设法发动身边的人来给自己的短视频点赞、评论、转发并且完全播放完毕，以此来获得被继续推荐的机会。

### (2) 快手

与抖音相反的是，在快手平台中，用户点赞、评论、转发视频都无法帮助短视频上热门，这正是由于快手推荐机制中独特的反作弊手段，因此短视频博主再努力刷播放量和评论也无济于事，对于快手的推荐分发毫无影响。

快手的推荐机制是根据播放率以及播完率来决定的，也就是说，要用户点击视频进行查看并且观看完整，短视频内容才有可能成为热门，获得更多的流量。

举个例子，用户在快手发布一则短视频，快手平台将会将短视频随机分配到100位用户的界面中，而这100位用户中有60位用户观看完毕，那么快手便再将短视频推荐给1000位用户，而1000位用户中有700位查看完毕，那么快手平台将会以此类推，继续扩大范围进行推荐。

由此可见，快手平台是通过一轮接一轮的检验来判断短视频内容是否优质，只有真正获得用户喜欢的短视频内容才能上热门。如果短视频内容的播放率和播完率较低，那么无法获得快手更大范围的推荐。因此，在快手平台中，想要获得更多的分发推荐，便需要通过提升播放率和播完率来达到目标。

### (3) 微视

微视平台的推荐机制与抖音的相似，主要参照短视频类型、粉丝数量、播放的完整度以及用户对内容的认可度，由此可看出微视对内容质量的看重程度，如图5-4所示。但是，微视平台的推荐机制也不太完善，这与审核人员的喜好有着一定程度的关联，因此可能导致内容质量一般的短视频上了微视首页，而内容质量优秀的短视频却被埋没的现象。另外，如果发布质量一般，短视频博主每个月坚持发15～20条的短视频内容，也是有机会能够获得推荐的。

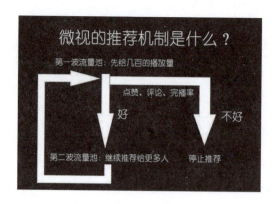

图5-4　微视平台的推荐机制

通过以上3个平台的介绍，可以发现各大平台的推荐机制虽然各有不同，但整体而言大同小异，内容的质量是第一考虑因素。除此之外，相似的内容也会出现推荐量抢夺的现象，因此短视频博主可以多做一些具备独家特色的短视频内容，而不是一味去追求热点话题和题材，通过别的渠道来获得更多的推荐量。

## 5.2 利用平台数据持续优化短视频内容实战攻略

在创作短视频内容的时候,很多短视频团队为了提升播放量而想尽办法来博取眼球,然而被他们忽视的是,播放量是基于自身内容而存在的,只有内容优质才能不断提升播放量。而利用播放量本身以及其他数据,并将数据进行分析研究,获取的规律能够为短视频的内容提供方向性的指引,有助于短视频博主为最终的内容决策赋能。

### 5.2.1 标题:长度20~30字标题更易获得高推荐量

标题的选取关乎短视频内容的播放量,尤其是在以推荐算法为导向进行内容分发的平台上,视频能不能准确被推荐到目标受众处,推荐到后用户是否愿意点击查看,这在很大程度上取决于短视频的标题内容。因此,短视频博主需要学会拟定一个好的标题,进而获得更高的推荐量。

通常情况下,把握好标题字数也是选取标题的一大重要技巧。选取标题时最容易被人忽略的便是标题长度,殊不知运用好标题的长度,短视频的传播也可以更有效。在短视频领域中,标题的长度控制在20~30个字是最为合适的。

有的短视频博主担心因为标题较长而导致无法全部显示,在此以今日头条为例，今日头条所要求的标题长度在5~30字，字数过多或过少都无法将短视频发送出去。今日头条的PC端网页中，一行标题的数字便已经超过了20个字，并且有2行的地方来显示标题，因此这个问题完全不用担心。但是在今日头条的移动App上，视频标题形式在封面左边，因此整体显示字数最多只能是26个字，对于剩余部分将会用省略号的形式显示出来。因此为了避免标题字数在App上显示不全，应该控制在26字以内。

然而这并不是最佳答案，写满26字的标题不一定就是优秀标题，达到30个字的标题也不一定是不好的标题。接下来以《一色神技能》为例，查看一下该节目在某段时期内所发布的400多期短视频中，播放量最高的5个短视频标题，如表5-1所示。

表5-1 《一色神技能》在某段时期内播放量最高的短视频标题

| 短视频标题 | 短视频播放量 |
| --- | --- |
| 《教你1招，夏天被蚊虫咬后迅速止痒，管用！》 | 765 531 |
| 《安卓系统总是很卡？记住这5招告别卡顿！》 | 630 633 |
| 《关键时候遇到生僻字怎么办？这种方法1秒搞定！》 | 727 173 |
| 《失眠整夜睡不着？教你10秒快速入眠！》 | 634 909 |
| 《iPhone手机这13个意想不到的隐藏小功能，让你大吃一惊！》 | 540 115 |

这5个短视频标题的字数长度（包括标点符号）分别为20、19、22、18、30。另外，我们对该节目还进行了总体的分析比较，发现以下数据结果，如图5-5所示。

根据第一、第二点，我们可以知道播放量高的短视频标题字数最好控制在20字左右；根据第三、第四点，说明超过26个字标题的短视频播放量不一定不好，只是最好控制在26个字以内。

根据《一色神技能》在某段时期内播放量最高的短视频标题，可以发现《iPhone手机这13个意想不到的隐藏小功能，让你大吃一惊！》这个标题字数是已经达到30个字的。另外，图5-5中的总结中的第三条内容是"前50名中标题字数超过25个字的有7个，其中有4个是30个字"，与上述的总结有出入，这里便关系到内容以及标题长度之间的平衡问题。

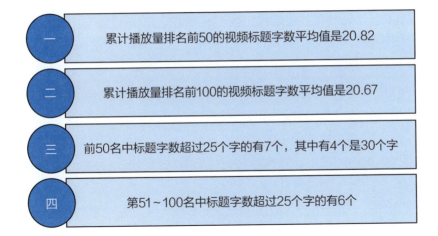

图5-5 标题总结数据

比如《iPhone手机这13个意想不到的隐藏小功能,让你大吃一惊!》这个标题的前半句正是本期节目要讲述的内容,而后半句"让你大吃一惊"作为形容而言是非常简短的,如果将这句话去掉,那么标题语气便会显得不够强烈,没有能够将内容的惊喜点准确表达出来。由此可见,与其选择效果一般的26个字长度内的标题,还不如让标题充分发挥出内容的本质来吸引用户,这也是为什么上述总结中有些标题字数达到30个字的原因。

## 5.2.2 关键词设置:关键词越明晰系统越易推荐

每个平台都有着自己的推荐机制,具体的算法我们虽然不得而知,但是有3点是比较明确的,如图5-6所示。

| 1 | 初次推荐后获得较高播放量的短视频容易获得下一次大范围推荐 |
| 2 | 互动率高的短视频容易被平台推荐 |
| 3 | 关键词越明确的短视频越容易被推荐 |

图5-6 容易获得平台推荐的3个方面

其中第3点——关键词，正是我们这一小节需要讲的内容。短视频标题、标签当中明确的话题名称便是关键词，比如安卓、生僻字等。关键词的明确是标题内容明确的基础，关键词越明确，标题内容表达得越清晰，平台便越能将短视频推荐给相对准确的用户。

能够在推荐分发平台中看到视频标题的用户，通常都是对短视频中的内容有兴趣的用户，因此能够获得的播放量比盲目、随机推荐的播放量要高很多。而在获得高播放量的情况下，短视频将有可能继续获得推荐，形成良性的推荐循环。

可以明确的是，提高用户对短视频的点击率是获得高播放量的重要前提，而只有通过标题的展现才能吸引到用户。那么想要在相同的推荐量中吸引更多的用户进行点击，明确关键词是非常重要的因素，以便短视频平台精准推送内容到目标受众的界面上。

如果短视频博主在无法明确关键词的情况下，只能剑走偏锋，选择一些大众化的关键词。大众话题不管在什么情况下都能够获得点击率，即便是没有明确内容的情况下，都能够获得一定的点击率。

在明确关键词方向之后，短视频博主还要明确关键词数量。通常情况下，一个标题当中含有1～2个关键词即可。由于短视频标题经常会被分为2句话，比如《失眠整夜睡不着？教你10秒快速入眠！》，第一句话是第二句话的铺垫，第二句话是第一句话的补充，而越往前的话越需要体现出重要的关键词，然后可以在后半句中加入对前一个关键词的补充关键词。因此，在标题当中选择2个左右的关键词，既能明确主题，又能让标题内容更加完整。

但事实上，关键词的数量究竟需要几个，并不需要百分百进行定量讨论，毕竟每一句标题能够表达的主题只有一个，而需要通过几个关键词来描述这一个主题，还可以根据主题针对范围来确定。比如短视频博主需要拟定一个针对性十分强的标题，一句话里使用两三个明确的关键词也是可以的，比如"失眠""入眠"，只有失眠的用户才需要学会快速入眠的办法，因此便确定了需要面向的受众。

## 5.2.3 高频词：5类最能吸引浏览者注意力的高频词

高频词是指短视频的标题中最常用的词汇，之所以能成为高频词，正是因为这些词汇背后所蕴含的高点击量。这些词汇具备一定的特性，因此能够迅速吸引用户的注意力。下面将总结一下，在短视频领域中拟定标题时最能够吸引用户的5类高频词汇，如图5-7所示。

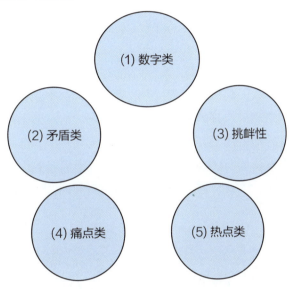

图5-7　5类最能吸引浏览者注意力的高频词

### (1) 数字类

《2招告诉你是否被微信好友给删除了！》《3招让你学会怎样煲汤！》等，这些标题通常是用户第一眼能够看到的，原因是它们通过数字将标题选取得足够直观与简洁，因此能够迅速将内容最大化输出给用户。

数字类的词汇能够迅速吸引用户的注意力，主要由于它能够通过标题来让用户了解内容，并且能够给用户呈现出肯定的感觉。因此，数字类词汇成为众多短视频博主拟定标题时所使用的高频词，并且常常以阿拉伯数字的形式出现，因为这样会让标题显得更亮眼。通常情况下，数字所代表的量越大，能够吸引用户的可能性也多大，毕竟每个人都想能够从信息中学习到更多内容。

### (2) 矛盾类

举个例子，《我瘦下来了，可是我并不开心》，这个标题会让用户产生疑惑，因为以目前的审美观念来看，"瘦"是一件令人高兴的事，但是短视频博主却没有产生这种情绪。这种疑惑将会引导用户产生好奇心，好奇心会促使用户来点击查看视频内容来解答心中疑惑，因此获得高点击率与播放量。矛盾类的词汇是利用人性的特点来激发用户的求知欲，因此也成了短视频标题中的高频词分类。

### (3) 挑衅性

比如，《在陌生人面前放声高歌，你敢吗？》，这类的短视频标题便是通过挑衅性的词句来刺激用户点开内容，并且验证自己"敢不敢""能不能"等。但需要注意的是，挑衅类的词汇要求短视频的内容足够高深，否则用户抱着极大的挑战心态来点击观看，却发现视频内容远不如标题所显示的优秀，自然会给用户带来不好的观看体验。因此，这一类词汇虽然是高频词，但不适合短视频初创团队进行使用。

### (4) 痛点类

这一类词汇与其说是刺激用户点击的高频词，不如说是从选题根本来提升点击率。用户痛点是大家需要或者感兴趣的内容，比如含有"春天防潮"的短视频标题，对于南方以及沿海地区的用户来说则具备相当强的吸引力，毕竟南方春天的"回南天"困扰了他们很久。又或者说，短视频标题为《为什么你不能成为月薪5万的助理》，便从根本上吸引了大量用户。比如你现在是一位月薪5000的用户，如今有人针对你的问题进行总结，你还可以从中获取解决方案，那么点还是不点呢？我想大多数用户还是会点击进去的，即便这很有可能只是一个鸡汤类的短视频。痛点类词汇能够给短视频的点击率带来质的飞跃，自然是短视频中的高频词。

### (5) 热点类

根据各大网站来获取当期热点，每一个热点背后都带着巨大的流量，将短视频内容与这些含有高流量的词汇进行结合，并且在标题中将词汇重点突出，获得的点击效果尤其好。

高频词汇是基于用户的从众心理而成，用户需要迅速获得相类似内容的信息，以便融入群体当中，同时也意味着用户背后的需求，因此在拟定短视频标题的过程中，运用高频词来吸引用户是必须学会的内容。

## 5.2.4 封面：高点击率短视频封面具备的3大特点

在用户查看短视频时，第一眼看到的内容便是封面，因此短视频的封面选择能够对短视频的点击率产生很大的影响，甚至会直接影响到短视频的播放量。一个好的封面能够让用户产生点击查看的心理，相反，封面选取得不好，即便内容再精彩，用户错过的可能性还是很大的。下面通过分析几个爆款短视频的封面，总结出获得高点击率的短视频封面具备的3个共同特点。

### (1) 封面与内容相关

通过封面来让用户迅速了解到视频想要表达的内容，这种做法能够有效减少错失率。比如短视频博主是做美妆内容的，那么封面便可放上自己这一期妆容教学后的样子。如果在美妆类短视频中放了搞笑类的封面，将会造成用户对内容出现认知错误。喜欢美妆的用户看到封面后便不会点击进来，而喜欢搞笑视频的用户点击进来后却发现这是美妆内容，并非自己感兴趣的内容，因此也无法形成转化率。由此可见，将封面设计为与内容相关往往能够快速吸引目标受众，以此来获得更高的点击率。

### (2) 点名标题

举个例子，"一禅小和尚"有一期的内容讲述的是《朝左侧睡会压到心脏吗》，而这一期的短视频封面便是根据标题内容进行设计，与标题相呼应，让用户了解到这一期的内容就是用来介绍知识的，如图5-8所示，最后获得了28万的点赞量。

图5-8 "一禅小和尚"封面图

### (3) 呈现精彩画面

如果短视频的方向是旅行类，那么使用最好看的那一幕风景来作为封面自然是最好不过的，这种设置方法能够加大用户点击的概率。

以美拍平台为例，美拍的核心内容都是围绕"美"而进行，封面自然也不例外，因此选取的封面图往往都是短视频内容中最美的一帧，比如美女图、萌宠图等，并且最好针对封面进行一些处理，来达到更美的效果，引导用户点击。

需要注意的是，短视频的封面千万不能是广告内容，也不能出现水印，这些内容非但不利于点击，还极有可能导致短视频被禁止发布。除此之外，短视频的封面需要根据各大平台的要求来设计尺寸大小，比如搜狐的封面尺寸要求是510*330像素，大鱼号封面图要求尺寸为16：9，并且大小不能超过5兆。

## 5.2.5 发布时间：平台大数据下的最佳发布时间段

众所周知，每个平台都有属于自己的流量高峰期，在高峰期间，大量用户拿起手机刷短视频，而短视频的播放量、转发量等基本都在流量高峰期内完成。因此短视频博主清楚掌握平台的流量高峰期，能够在很大程度上帮助提高点击量。

通常情况下，用户流量高峰期可以借助分析工具得到，此外通过基本推理也能够获得一个较为笼统的结果。最佳发布时间是根据用户习惯而形成的，但是许多短视频博主都忽略了这一点，因此根据多数用户的日常生活来进行推断也可以获得最佳发布时间段。

在1天的24小时当中，各个平台每一个时间段的用户在线人数都不一样，有高峰期也有低谷期。通常情况下，早上7点～10点是用户使用碎片化时间查看短视频最频繁的阶段：早上起床习惯性看手机，上班路上需要看手机，而在上厕所时也会看手机，因此这段时间虽然有流量高峰期的出现，但是并不稳定，因此在这段时间少发一些内容是可以的。中午11点～2点是用户吃饭、休息的时间，虽然也都会拿着手机看，但更注重于吃饭和休息，因此对于手机也只是匆匆瞥一眼，能不能恰巧赶上流量高峰阶段还是需要看短视频博主的运气。下午5点~7点是下班的高峰时期，堵车的现象会让用户在下班途中的停留时间延长，因此查看手机也是自然而然的选择。晚上11点~凌晨1点，部分失眠、熬夜人群会在被窝里看短视频来消磨时间，并且形成一次小流量高峰期。

接下来，我们以抖音、快手以及微博3大平台为例，简述短视频博主在这3个平台当中发布内容的最佳时间段。

### (1) 抖音

根据抖音的推荐算法机制，通常情况下在短时间内获得高播放量、评论量等，便有机会获得更多的推荐，这需要掌握平台流量高峰期才有机会获得这一效果。根据统计显示，抖音点赞转发的高峰期是下午13点和晚上18点，短视频博主应当好好利用这一时间节点来发布内容。

### (2) 快手

在快手平台中，当短视频被审核过后，快手提供曝光的时间也非常短，而同样的内容在平台流量的高峰期和低谷期进行发布，能够获得的效果也是天壤之别。高峰期查看短视频的人多，获得曝光并且上热门的可能性也会增加。通常情况下，快手在中午的12点~1点以及晚上的20点~23点属于流量高峰期，用户在这两个时段内发布短视频更容易上热门。

### (3) 微博

微博是秒拍的主要施展平台，流量高峰期可分为三个阶段：第一阶段在早上9点~10点，第二阶段在下午16点~17点，第三阶段是晚上20点~23点。当然，短视频博主也可以根据自己的短视频内容来进行更详细的选择，比如情感类博主可以在凌晨发布短视频，这是用户内心最脆弱的阶段，这时候往往能够引起用户共鸣，带动用户情绪并且引导用户自行转发。

总而言之，在高流量时间段发布内容往往能够获得高点击、高播放，但是短视频博主也可以根据平台属性以及内容特色来分析最适合自己的内容发布时间段。

## 5.2.6 完成度数据：依据用户特点优化视频时长及剪辑节奏

对于短视频的时长，不同的平台有着不同的标准，但基本都是根据平台用户的特征优化而来的。因此，短视频博主在不同的平台中分发内容，也需要参考各个短视频平台的时长标准。下面挑选3个方面进行举例，如图5-9所示。

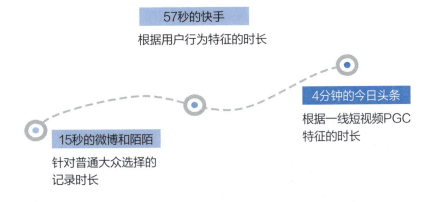

图5-9　根据用户特色调整短视频时长的平台

**(1) 针对普通大众选择的记录时长：15秒的微博和陌陌**

微博中的微博故事功能能够发一段15秒的短视频，短短的15秒内能够展示的内容不多。然而微博并非是针对PGC用户而设计的，而是面向UGC的普通大众。15秒的视频只是为了让用户的表达更为简单，并且不支持转发、下载或分享到其他渠道，这正是微博深谙"社交"之道来针对用户特点来制订的策略。

陌陌的短视频也是15秒，设计灵感来自通过YouTube大火的电影作品《浮生一日》，也就是想通过收集用户任意拍摄的短视频并且进行剪辑来投放在各大广告渠道中，将当代青年群体的生活拼凑出来，以此来传达自己的平台理念。因此，陌陌是根据用户的心情记录特点来决定短视频时长。

**(2) 根据用户行为特征的时长：57秒的快手**

快手对短视频时长的定义在57秒，并且认为这是"行业标准"。快手CEO宿华曾经在"云＋视界"大会上曝出一组数据：快手日活用户达到5000万，其中有87%都是"90后"，大家都认为快手的布局不在一线城市，但是在北京每天打开快手的用户高达300万人。真是由于这些数据的存在，快手才有底气认为57秒便是"行业标准"。因为快手的这一数据是根据人工智能系统对快手用户的行为进行分析总结而来的，收集的行为数据不计其数。对此，快手也表示，"不是一定要你接受这个标准，但你抗拒用户的选择，结果只是你自己被边缘化。"

### (3) 根据一线短视频PGC特征的时长：4分钟的今日头条

对于快手所提出的"行业标准"时长，今日头条高级副总裁赵添则认为，57秒的短视频远远不能达到要求，被称作"小视频"更为合适，同时给出了今日头条对于短视频时长的标准——4分钟。

4分钟是根据"金秒奖"的获奖作品来决定的。金秒奖是今日头条所打造的比赛平台，含有较高的专业水平，并且朝着短视频领域的"奥斯卡"来发展。因此，在第一季度的比赛中，我国大量短视频头部账号都参与其中，包括一条、二更、看鉴、陈翔六点半、日食记等。因此，赵添表示，"金秒奖第一季度，全部参赛作品平均时长247秒，获得百万以上播放量的视频平均时长为238.4秒。4分钟，这是目前短视频最主流的时长，也是最适合播放的时长"。

总的来说，微博、陌陌的短视频是根据用户想要进行"陌生人"的社交来决定时长的，快手是根据年轻用户的普遍制作时间来设计短视频时长，而今日头条主打PGC制作，都是基于用户特征而拟定的战略。

除了短视频时长以外，短视频整体需要呈现出一种节奏感，让用户观看体验更流畅，这便需要剪辑师在进行后期制作时要把握好剪辑节奏。剪辑过程需要把握两种节奏，分别是内部节奏以及外部节奏。

内部节奏是指根据剧情发展而产生内部联系的人物、情绪等，这要求剪辑人员了解用户查看视频时所产生的情感接受节奏，根据丰富的经验以及整体策划的思想与灵性来把握视频的表现。外部节奏是指短视频画面人物的运动、镜头转换的速度等产生的外部联系，是用户查看短视频时能够直观了解到的形态，比如解说词快慢、音乐旋律等。后期剪辑人员需要专业的技术来实现短视频整体节奏互相交融，让用户在观看时看到流畅的画面、持续的剧情、合适的配乐等，以此来产生愉悦感。

内部节奏是外部节奏的依据，外部是内部的表现形式，二者平衡才能让短视频获得更好的效果，以此来获得用户的喜爱。

## 5.2.7 分析模型搭建：模式化分析流程全团队掌握快速迭代

互联网产品快速发展的现状决定了短视频团队成员需要具备敏捷的特性，持续迭代不断完善短视频内容，而通过搭建分析模型能够让短视频的分析流程模式化，让迭代周期减少一半，以此来获得高效率、高产出、高质量。AARRR模型就是一个不错的分析模型，能够帮助短视频团队实现上述目标，适合短视频团队快速学习使用。

AARRR是一款经典的生命周期环节模型，是Acquisition、Activation、Retention、Revenue、Refer的缩写，分别代表了获取、激活、留存、变现以及推荐。这一模型适合所有创新型、成长型的短视频团队作为分析模型，以此来实现模式化分析流程。AARRR模型将数据分析分成了5大板块，根据每一个板块能够了解到短视频领域中更细分的维度以及影响维度的变量指标，而这些指标是短视频团队进行数据化分析的基础，因此也是模式化分析流程的必备要素，如图5-10所示。

图5-10　AARRR模型在短视频领域中的应用

### (1) 分析用户获取情况

在这一维度中,可以分析短视频通过什么渠道来获取用户,用户数量以及质量如何等信息,而这些信息是根据每日新增、累积新增、一次性用户数、平均使用时长等指标来获得的,并以最后的分析结果来总结出适合短视频节目积累用户的优质渠道,再根据计算结果进行推广,能够起到事半功倍的效果。

### (2) 分析活跃度

短视频领域中的激活包括主动活跃、推送活跃等数据,通过这些数据能够让短视频团队了解用户体验,进而根据不足不断完善内容,以此来提高用户黏性。

### (3) 分析留存率

在短视频领域中计算留存率,可以通过对比不同时间段的用户数量来获取,比如次日、3日、1周、1月留存等。通常来说,时间越短留存率越高,因此在留存率比较上,次日留存>3日留存>1周留存>1月留存。但是随着时间的不断沉淀,留存到最后的用户才是最稳定的,稳定下来的用户便是短视频节目的主要受众。

当然,分析留存率的指标还包括很多,比如每日流失、每日回流、平均生命周期贡献、回访率等,短视频团队应该根据自己的内容特色以及针对的目标受众拟定需要选择的维度指标。

### (4) 分析变现方式

短视频变现的方式有许多,比如广告植入、平台分成、内容变现等,以目前情况来看,广告植入是最主要的短视频变现来源。但无论是哪一种变现方式,变现都是通过用户直接或者间接来提供的,因此上述的拉新、活跃、留存等都是短视频变现的基础,只有用户基数越大,短视频播放量越高,变现的机会才越大。

### (5) 分析自传播

在传统的运营模式分析中，通常到达变现层次便结束了。而随着移动互联网的兴起，社交营销让分析得以增加一个方面，即基于社交网络实现自传播，实现良性循环，这也是短视频运营模型当中获取用户的优势。在短视频中实现自传播，需要依靠分析分享点击率、记录分享成功的回执消息等来获得。自传播的成本较低，并且获得的效果往往不错，但这都需要建立在短视频具备优质内容的基础上，这样才能形成良好的口碑传播。

从自传播循环到再次获取用户，短视频分析模型能够形成一个螺旋式上升的轨道。优秀的短视频团队能够合理运用这一轨道，不断增强团体的运营能力，不断扩大用户规模。

# CHAPTER 6

# 短视频粉丝运营：
# 具备众多拥趸才有无限可能

从第一个短视频发出去开始，短视频博主便要开始进行粉丝运营，包括吸引粉丝、维护粉丝、做好与粉丝之间的互动等，基本上围绕着粉丝来进行。之所以要这样做，是因为短视频本身是依靠粉丝经济来运行的，粉丝才是短视频博主源源不断的贡献能量，只有获得粉丝的拥趸，短视频博主才有无限可能。

## 6.1 短视频涨粉：让更多用户订阅的实战技巧

一个受欢迎的短视频通常具备以下共同特点：视频内容优质、描述清晰、赞和评论的数量多。其中赞和评论的数量需要建立在粉丝规模庞大的基础上。除此之外，粉丝量多还可以帮助短视频获得更多的推荐量，从而有可能成为爆款内容。因此，短视频博主需要想方设法来涨粉，让更多的用户订阅自己的短视频节目。

### 6.1.1 短视频博主实现快速涨粉的3个黄金法则

在前些年提到粉丝，大家能够想到的便是明星所拥有的流量。然而随着自媒体的发展，粉丝也成为普通人能够拥有的用户。拥有粉丝的短视频博主能够逐渐提升自己的影响力，随之而来便是由粉丝带来的经济效益，有一些优秀的短视频博主基于强大的粉丝团而实现了年入百万。在粉丝经济时代，短视频自带的属性为短视频博主带来了更长期的价值。因此短视频博主想要培育自己的粉丝，实现快速涨粉，可从以下3个黄金法则入手。

**(1) 黄金法则一：带有强烈的人格或情感属性**

在短视频内容中，短视频博主可以将自身打造为个人性格很鲜明的博主，以自身魅力来吸引粉丝，比如"陈翔六点半"中的每一位演员都具备自己的鲜明特点，能够让用户迅速区分他们，因此每一位演员都有着自己的粉丝。

当然，即便没有演员出演，也应该具备能够和用户进行情感联系的事物、动物，比如"日食记"中每一期都会出现的"酥饼"，用户习惯了短视频中有它的存在，双方之间便形成了一定的情感联系，让这只猫成了涨粉利器。

另外，虚拟人物也是可以考虑的因素，比如"一禅小和尚"的"一禅"，以活泼、聪明的卡通形象出现，在抖音平台推出半年后便获得了2000万粉丝，迅速超过一波明星艺人。还有"叫我僵小鱼"中的"小鱼"也是用户所喜欢的虚拟形象，如图6-1所示。

图6-1 "叫我僵小鱼"的人物形象

(2) 黄金法则二：和用户做朋友

这个法则看起来很简单，但很多账号没有做到。作为短视频中的KOL，短视频博主对用户的关心以及在意程度都可以为用户所获知，因此可以有效提升用户的忠诚度。对于初创团队而言，短视频博主也往往喜欢通过这种方式来涨粉。但是随着短视频粉丝数量越来越多，一些短视频博主开始变得得意和傲慢，也开始逐渐疏远粉丝，这种做法很容易使粉丝流失，毕竟粉丝才是短视频博主影响力的建筑基础。

粉丝之所以关注短视频博主，自然是因为博主身上具备的某些特性是符合他们要求的，因此作为短视频创作者，更应该将这份特性发挥好，尽自己所能持续为粉丝创作他们喜欢或者有价值的内容，以此来维护粉丝并且吸引更多粉丝。总而言之，短视频博主和用户做朋友可以从以下3个方面着手，如图6-2所示。

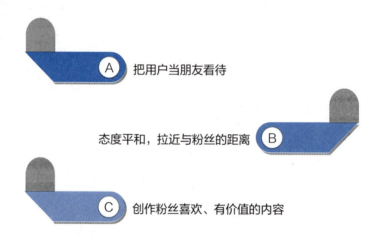

图6-2　短视频博主和用户做朋友的做法

(3) 黄金法则三：注意更期的稳定性

短视频更新时间是抢夺注意力的重要因素，相当于一个人每天出现的时候，多出现几次，即便相貌平平也能够吸引你的注意，但如果那个人出现的时间不固定，那么你只会认为是偶遇，不会多做思考。同样的道理，频繁且稳定更新的短视频博主能够给用户留下印象，如果短视频博主更新不稳定或者是根据心情再创作内容，这样不仅不利于早期的粉丝积累，也不利于后期粉丝关系的维护。在这方面，做得较好的有"陈翔六点半"，如同短视频节目标题一样，到了六点半便更新。如果做不到每天更新，那么尽可能一周更新三次左右，以此来维护与粉丝之间的关系，并且有持续的内容来源源不断地吸引新用户。

如今的营销大多数依靠粉丝经济来进行，短视频面对的用户流量将会关系到日后的发展以及变现。因此短视频博主需要用心来运营内容，和粉丝做朋友，再通过获得的巨大粉丝量来实现变现。

## 6.1.2 【案例】"乡野丽江"一条短视频涨粉5000背后的诀窍

在云南丽江有一位短视频博主，她主要通过快手平台来发布内容，内容包括丽江美景、云南美食、女儿小豆芽等，形成"乡野丽江娇子"的账号。在运营半年之后，"乡野丽江娇子"的粉丝从0涨到了80万，一则短视频播放量也从0到如今的100万。

"乡野丽江娇子"账号博主叫王娇，在运营之前是昆明一家3D动画制作公司的设计师。王娇的另一半高玉楼提出通过"拍视频挣钱"的想法，双方一拍即合。

### (1) 难以抉择

但是在选择拍什么内容，选择什么平台等方向上，二人产生了分歧。2014年，高玉楼接触了美拍，并且认为："那会儿美拍短视频大概只有十秒，我觉得挺好玩的，一直在用，偶尔也会拍一些，后来看美拍生日会接触到一个词叫网红经济，就开始想我们也可以这样做，因为我看很多人拍的内容也差不多，当时就想，我拍的或许比他们拍得好，到时候我的粉丝可能更多，然后就开始思考要发什么样的东西。"

之后，高玉楼认为，"反正每天都要吃，刚好可以把它记录下来，如果做其他的话，短时间不会产出内容，所以就觉得这个挺适合我们去做。"高玉楼的想法起源于美食相关的内容尤其受到用户欢迎，而且对用户的观看门槛也低，拍摄起来成本也不高。

而王娇所想的短视频的发展方向也是美食，但想法是在城市中通过烘焙上的做法来吸引用户观看，但遭到了高玉楼的否决。高玉楼打算返乡进行拍摄，一时之间谁也没说服谁。后来家中老人生了重病，王娇才开始改变想法："后来还是考虑以家庭为主，有孩子以后自然就以老人家和孩子为主了，没考虑多久就回来了。"王娇还表示："还有一点我老公说的对，现在很多人都往外面跑，我们回去机会就来了，未来的十年农村是很多人向往的地方。"

### (2) 农村自媒体的可能性

王娇他们在一开始便明确了以"涨粉"为目的，因此在创作短视频之后发布到了各大短视频平台，包括今日头条、美拍、抖音，最后在快手平台中生根发芽。

在拍摄地点上，王娇也进行过调整。"刚开始我们就到户外去做，发现户外不能照顾小孩，效果也不是特别好，网上大家都在拍这个，然后我们也往这个方向拍，但是太多了。"意识到这一个问题，王娇他们将把拍摄地点转移到室内，形成这一方向中新的拍摄场景。

"那天拍做鱼的视频，小豆芽知道妈妈在做饭，端着鱼就入了镜，没想到后来粉丝的留言都在关注小豆芽。"女儿"小豆芽"的意外入镜让他们发现了涨粉诀窍，并且根据这一发现改变做短视频的策略。在此之后，"小豆芽"也成了视频中的必备要素。因此，"乡野丽江娇子"的账号除了做美食之外，还加上了和孩子的互动，视频发展方向从美食转变为"美食+亲子"（图6-3）。

图6-3 "乡野丽江娇子"的账号视频内容

因为"小豆芽"的加入,"乡野丽江娇子"的账号涨粉速度迅速上升,发布一则新视频后,往往能够新增5万~6万的粉丝量。

### (3) 从专业自媒体过渡到电商、广告

王娇可能是丽江地区短视频账号中最早意识到涨粉的重要性的,也正因如此,发展的速度才比别人要快。此外,王娇所居住的华坪县是有名的芒果种植基地,基本上家家都有芒果园。王娇虽然还没有通过快手平台来销售芒果,但是成为短视频大号后,其影响力还是给她带来了收益。在使用快手之前,王娇一年卖出的芒果数量大概是3000箱,而成为短视频博主之后,王娇通过2个月的时间便卖出了3000箱。

同时,王娇仅靠做内容平均月入也达到1万以上。除了快手平台,不少短视频平台也向她抛出了橄榄枝,邀请其入驻。王娇表示,在刚开始创立账号积累粉丝的时候,这种待遇是不会有的,甚至还因此一度对短视频的风格产生怀疑。

高玉楼却对这一方向的内容非常有信心,也在鼓励王娇坚持,"我就一直坚持,我也跟她说了,现在不行,继续坚持,我觉得从专业角度去看视频没有毛病,可能是运营方面存在一些问题。"通过根据用户的喜好不断进行调整,"乡野丽江娇子"的账号形成了一个独具特色的短视频账号,并且不断有广告主邀请进行合作。

但是王娇他们暂时没有接广告的打算,因为他们认为在这个迅速涨粉的阶段,广告的出现会影响用户观看体验,进而引起粉丝的反感。无论是什么平台什么方向的短视频账号,在涨粉之后便会面临变现的问题。只有持续输出高质量内容,才能让后期的变现路更为顺利。

## 6.2 推广涨粉：多维推广加速自然涨粉过程

"二更"与"一条"都属于目前发展较好的短视频账号，具备一定的影响力，二者内容调性相近、质量相当，并且在目标受众的定位上也比较接近。但是在头条号上，二者发布的短视频内容数量却产生了非常大的差距。根据统计，"二更"短视频内容的平均播放量为50万，但是"一条"的平均播放量只有12万。究其原因，发现"二更"的头条号粉丝高达120万，而"一条"仅有28万。由此可见，为了获得更高的播放量，短视频博主需要持续获取粉丝，这便需要多维推广来实现这一目标。

### 6.2.1 进行短视频内容推广的4个目的

如今各大短视频博主都在纷纷推广自己的短视频内容，即便那不是广告，也毫无变现成分，仍然不遗余力地进行。事实上，进行短视频内容推广能够很大程度上提升短视频博主的影响力，进而达到以下4个目的，如图6-4所示。

**(1) 为了获得更高的策划壁垒**

运营短视频与普通的文字、网站运营等都有所不同，需要更加专业的人员来

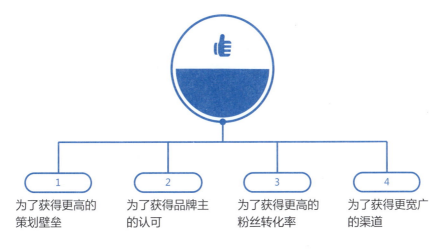

图6-4 进行短视频内容推广的4个目的

进行这一项工作。对于普通用户来说,短视频可以是随心所欲的策划内容,但是对于大号而言,短视频相当于简版的电影,对短视频内容要进行专业的编导、策划、脚本等。不仅如此,专业的摄像师、音响师以及灯光师都是短视频创作内容的重要因素。而以上提到的因素单凭一个人的力量是无法完成的,往往需要一个专业的团队。

通过短视频内容推广,短视频博主的影响力会随之增强,能够吸引的专业人才更多,甚至会有MCN机构邀请博主进行签约,为博主提供更为专业的运营团队。当短视频的内容更为专业时,仿制的难度便会增加,以此来保证短视频内容的独特性,稳住短视频博主的地位。

**(2) 为了获得品牌主的认可**

众所周知,短视频与文字、图片相比更具视觉冲击性,在用户的脑海中能够形成更深刻的印象。不仅如此,用户在观看短视频时,身心也会随之而放松。正因如此,短视频在宣传品牌信息时的效果会更好,进而成为最受欢迎的营销方式之一。

短视频博主进行短视频推广,除了不断涨粉提升自身影响力之外,也是让自己的短视频内容被广告主发现的重要手段。当广告主认可了短视频博主的内容后,在接下来的营销中极有可能与短视频博主形成合作。

### (3) 为了获得更高的粉丝转化率

由于短视频本身所具备的专业性以及放松性的双重特征，再加上用户对于新鲜事物的好奇心理，短视频内容推广之后，认可的用户将会不断模仿内容的特征，无形之中转化成为短视频博主的粉丝，而涨粉也是短视频内容推广的目的之一。

### (4) 为了获得更宽广的渠道

随着互联网的迅速发展以及智能手机的普及，短视频一旦获得高转发量便会在全网普遍出现，因此如果短视频内容能够推广到这个程度，那么各大平台都会向短视频博主抛出橄榄枝，如同"乡野丽江娇子"的案例一样，这也是众多短视频博主进行内容推广的目的之一，甚至可以说是终极目标，因为这将意味着其影响力已经达到足够变现的程度。

当然除了上面介绍的这些之外，短视频营销还有一个最大的特点就是它的趣味性。就像我们平时看到一本书，但是不一定会把它翻开，可是如果我们走在大街上，看到一个播放的视频，很多人都会停下脚步来看两秒，因为它能够给人带来一种放松的感觉，而不是简单的传统的营销方案，所以短视频营销应该会受到越来越多人的欢迎，也会带动各个营销产品的发展。

## 6.2.2 短视频账号推广3大实用技巧

对于不少初创团队而言，即便找对了内容发展方向，但是由于竞争激烈，如何对短视频账号进行推广仍然是一大痛点。针对这一问题，在此总结了短视频账号推广3大实用技巧，以期能够为众多短视频博主解决问题。

### (1) 保证内容的质量

如今短视频市场人口红利开始走下坡路，格局发展形成严重的马太效应。一方面，各大短视频平台的短视频头部账号由于形成了自己的一定特色，再加上庞大的粉丝规模以及专业的运营能力，另外还得到平台流量倾斜，这些短视频的内容以及地位都越来越巩固。而另一方面，看到短视频发展风靡之势的后来者，通过模仿各种短视频头部账号的内容来发展成的中长尾账号，即便再如何努力也难以跻身短视频大号行列。

想要真正地发展短视频，改变这一现状，还是需要遵循"内容为王"的终极信条。高质量的短视频内容对于短视频账号的带动作用很明显，如今位列头部账号的短视频除了眼光独到，快速占取短视频垂直领域，更重要的还是其创作的内容足够优秀，突出差异化，并且获得用户的认可，为自己的推广宣传奠定良好的基础。

内容质量通常可以通过完播率、播放率、点赞率、评论率以及转发率这5个指标来体现，短视频账号通过关注这5个指标来不断完善自己的内容，在保证内容质量的基础上进行推广，往往能够获得更好的成效。

### (2) 与爆款原视频合拍

在短视频博主缺乏原创能力的同时，可以通过模仿其他博主的原视频来获取人气。虽然爆款短视频比较少见，但也不是没有，甚至每隔一段时间都能出现几个。短视频博主发现某一个视频火了以后，便可以与这个视频进行合拍。因为短视频大号也会经常查看与该款短视频合拍的内容，如果内容模仿得足够精彩，那么原博主也会进行评论和点赞，进而吸引更多用户的关注度。

爆款视频可以在各大平台中的首页、热门中搜寻，如果模仿得好，很有可能也可以上热门。比如2018年大火的影视剧《延禧攻略》，在播出之后获得大量用户的观看，而艺人罗志祥在微博上发布了模仿该影视剧里的一则小片段，获得了原演员的评论点赞，并且上了微博热搜，如图6-5所示。

但需要注意的是，短视频博主最好做一些小幅度的有创意的修改，背景音乐也可以适当进行更换，让短视频以更为独特的方式出现在大众面前。

### (3) 平台推广服务

以抖音为例，该平台的推广服务有抖加、官方联合话题挑战赛、抖音蓝V认证或者是创意贴纸，都能够在一定程度上对短视频账号的推广起到帮助作用。

只有获得足够的曝光率，短视频才有可能实现更大范围的涨粉，因此短视频博主才需要去学会通过各种手段来推广自己的账号，才能获得更大的曝光率。

图6-5 艺人罗志祥的模仿短视频

# 6.3 粉丝运营：如何不断增强粉丝黏性

如何利用粉丝来变现，也是短视频博主重点关心的问题。通过粉丝实现价值最大化利用，并且获得收益的前提必定是粉丝对于短视频博主、内容等具备相对强的黏性，否则是不会为短视频博主买单的。因此，短视频博主需要学会粉丝运营，通过线上、线下的不同方式来增强粉丝黏性。

## 6.3.1 线上短视频粉丝运营的常见形式

粉丝数量对短视频播放量也能产生相当大的影响，粉丝量越多，获得高播放量的可能性越大，尤其是对于美拍、微博等平台而言，粉丝量对于短视频的整体发展影响极大。因此，短视频博主需要学会粉丝运营，以此来不断提高粉丝黏性。从粉丝的特性及价值进行划分，短视频粉丝可分为3种类型，接下来便通过这3种类型的粉丝来讲述一下如何在线上运营。

**(1) 品牌粉——将短视频当情感归属**

品牌粉是指对短视频有情感依赖以及归属感的群体，这类粉丝对于短视频的关注相当于追星一样，内容并不是最重要的，短视频的品牌调性、互动方式才是他们最为看重的，这也是短视频博主自身人格魅力的转化结果。对于短视频博主而言，品牌粉的价值最高，因为黏性与忠诚度非常高，但是在引流过程中也不容易获得。通常情况下，品牌粉具备以下的优点以及缺点，如图6-6所示。

根据品牌粉的特征，对其进行线上运营的核心要素是：加强品牌粉对短视频品牌的参与度，除了让他们认同内容价值，还应该让粉丝参与到短视频的成长建设当中。因此，短视频团队可以通过建立社群以及沟通机制来进行日常交流，以此来增强情感纽带，同时也为粉丝反馈提供了重要渠道，并且还可以充分发挥流量池护城河的价值。不仅如此，建立社群以及沟通机制成本较低，但是效果明显，对于初创团队而言是一种不错的运营方式。

除此之外，为了提高品牌粉的参与度，短视频品牌还可以邀请品牌粉参与到内容选题以及标题撰写当中，而粉丝也乐于参与到短视频构建以及策划传播中。

### (2) 内容粉——把短视频当作兴趣窗口

顾名思义，内容粉是指被短视频内容质量吸引的粉丝，对于短视频内容有获得观点、方法等方面的诉求，同时也会要求内容具备一定质量。与品牌粉相比，这类粉丝更注重自己从短视频内容中能够收获的事物，因此内容粉也是短视频的主要输出受众，通常情况下具备以下方面的优缺点，如图6-7所示。

对于内容粉的线上运营思路是通过引导来帮助他们形成短视频使用习惯，进而深入挖掘其存在价值。因此，短视频团队可以通过多创造UGC内容来吸引内容粉，这是粉丝比较喜闻乐见的。除此之外，短视频博主需要保持好的内容生产规律，最好能够形成流程化的内容生产机制，通过这种规律来培养用户习惯。

### (3) 路人粉——对短视频处于观望阶段

短视频收获的路人粉通常是通过两种渠道而获得的：一种是通过某一爆款短视频来进行关注的新粉丝；另一种则是由于举办某种线上活动引导关注的粉丝。但总体来说，这两种渠道都带有一定的偶然性质，在粉丝对短视频内容风格及定位不了解的情况下，只能不断摸索前进。但是只要运营得好，短视频的路人粉也可以转化为品牌粉或者内容粉。以目前的情况来看，短视频的路人粉具备以下方面的优缺点，如图6-8所示。

在运营路人粉的思路上，短视频博主往往会感到有些无奈，因为在不确定双方匹配度的情况下获得的粉丝极其容易流失。因此，短视频博主可以通过筛选路

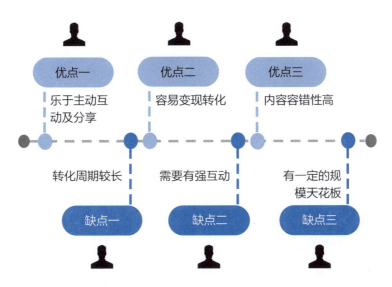

图6-6 短视频品牌粉的优缺点

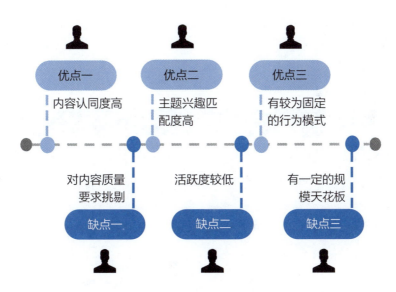

图6-7 短视频内容粉的优缺点

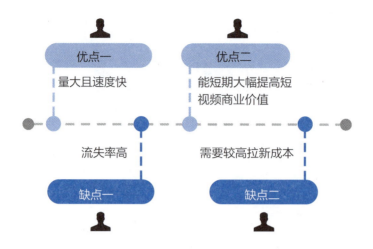

图6-8 短视频路人粉的优缺点

人粉中的目标用户,通过强化内容质量来进行留存。而对于一些不具备长期运营价值的路人粉,短视频博主也不需要强求留存,可以尽快通过各种手段来利用流量价值。

针对不同的粉丝采取不一样的运营方式,能够帮助短视频博主更好地进行精细化运营。但是短视频账号作为一个媒体窗口,只有向粉丝提供有价值的内容或服务,才是留存粉丝的核心竞争力。

## 6.3.2 线下粉丝活动运营实战策略

所有的短视频团队都在抢夺流量,但是大部分流量都在回归短视频头部账号,并且随着线上平台红利期的逐渐减弱,线上获取且转化粉丝的成本逐渐升高。随着线上线下整合营销的发展,通过线下活动实现粉丝运营也是不错的方式。通常情况下,短视频可通过以下3种方式来进行线下粉丝活动运营,如图6-9所示。

图6-9 短视频进行线下粉丝活动运营的3种方式

### (1) 全民参与的线下活动

全民参与活动需要从不同的角度出发，根据一些大众方向来挖掘更多贴近全民用户的线下活动，比如《万元大奖寻找身材最"辣"的你》。短视频的参与门槛低，除了各大短视频账号，许多用户都能够参与其中，并且挖掘身边的"辣"。短视频团队还可以举办一些比较具备影响力的大型线下评选活动，并且设置具备吸引力的奖励制度来吸引用户深入参与。

全民参与活动进入门槛低，但是参与度非常高，参与用户囊括各行各业，与此同时还能输出有趣的内容。举办一个全民参与活动自然需要粉丝支持来进行，通过强有力的互动，能够在一定程度上帮助短视频博主提升粉丝活跃度，还能有效提高留存率并且不断涨粉。除此之外，活动举办得好，也能在一定程度上提升短视频博主的知名度。

### (2) 举办主题活动

与全民参与的线下活动不同，主题活动比较适合垂直范围的用户参与，因此往往是做垂直短视频内容的团队采取的运营方法。如果将这一线上活动举办好了，很容易在垂直领域中打出知名度，同时可以有效增强粉丝黏性。

举个例子，随着年轻用户的个性化越来越突出，二次元文化也开始逐渐融入人们的生活中。如果是做动漫方向的短视频博主，不妨举办一个漫展活动，并且以cosplay作为主题来吸引垂直领域的用户参与。举办这类活动的场地比较好找，能够在一定程度上降低成本，同时还能沉淀粉丝关系网，并且由于影响力的提升可以获得更多的新粉丝。

### (3) 定期举办见面会

这个对于有影响力的、个人魅力极强的短视频团队来说十分重要，因为对于短视频团队而言，粉丝与自己接的品牌广告必定有部分是重叠的，而根据定期举办用户线下活动，能够有效驱动粉丝的购买力，因此也成为常规化的运营手法。

值得一提的是，短视频团队举办线下活动，也可以借助粉丝的力量来进行。有的短视频团队会搭建自己的官方应援团，协助短视频团队来搭建更好的线下活动体系，因此通常会号召广大粉丝来参与到活动当中，以此来保证粉丝的活跃度。

# CHAPTER 7

# 规模化变现：
# 短视频赚取不菲收益实战攻略

2018年10月，QuestMobile数据公司发布了《中国移动互联网2018半年大报告》。根据报告显示，截至2018年6月，在线短视频用户使用时长为7267亿分钟，同比增加了471%。另外，根据数据报告内容显示，短视频用户使用时长接近长视频，并且处于迅猛发展的阶段，前景一片光明。

但是，在快速发展的背后，却由于种种原因而导致行业内容参差不齐，出现了变现困难的局面。因此，在此针对短视频变现的内容，讲述短视频赚取不菲收益的实战攻略。

## 7.1 短视频常规流量变现方式

短视频的创业战场瞬息万变,而变现是各方都在聚焦的重点话题。从微博、美拍到今日头条、企鹅号,如今各大短视频平台为了争夺优质的短视频内容,纷纷通过丰厚的广告分成以及拟定商业变现计划来吸引短视频博主的入驻。通常情况下,短视频博主最常规的变现方式都是基于流量而实现的,具体包括平台广告分成、打赏变现以及独家签约模式。

### 7.1.1 平台广告分成+打赏变现

短视频通过两年的发展成为移动互联网流量的新入口,甚至可以说是下一个待开发的金矿。随着各大平台在短视频领域中的正式入场,短视频的火热较以往又高了一个程度,让其处在新的风口上。

但是随着越来越多的创作者涌入,短视频开始出现商业化变现难题。在短视频领域中,许多博主都是依靠原创短视频而加入其中。对于大多数短视频博主而言,除了融资、拓展业务以外,最为关心的便是如何变现。

目前的变现方式呈现出两极分化的局面:占据头部流量的短视频账号能够通过流量转化来吸引广告主,进而与短视频平台分成而实现变现;而腰部及长尾短视频账号的变现方式更多的是通过短视频平台的打赏功能。

### (1) 平台广告分成：当下多种变现模式中相对可靠且回报较高的方式

短视频的发展让众多大平台纷纷介入这一领域当中，比如今日头条的头条号、阿里的大鱼号、一下科技的秒拍等。按照当前的市场状况而言，短视频平台流量是最容易变现的渠道之一。然而僧多粥少，流量分成对于数以万计的短视频博主而言，并不足以形成长期、优质的成长路径。

即便是短视频领域中的佼佼者，也需要通过多种渠道来探索更佳的变现方式。比如，洋葱视频的创始人聂阳德曾经表示，其旗下的"办公室小野"短视频的变现模式多种多样，几乎囊括所有。目前"办公室小野"流量变现有三个途径，其中以广告和整合营销以植入原生广告为主；平台有流量分成，但总量并不大；内容电商盈利的模式尚在布局阶段，目前还看不到明显收益。

也就是说，在目前的发展条件下，背靠平台而获得的广告分成可以说是多种变现模式中相对可靠且回报较高的方式之一，其中品牌定制广告、品牌植入广告等所获得的收益更大一点，但这种变现方式的前提是短视频账号成为一个有相对影响力的账号。

与传统广告的单向宣传相比，在短视频中进行广告宣传能够呈现更多样化的内容，实现更具创意性的发展，因此自然能够获得更多广告主的青睐。有专业的广告业分析人士表示，通过短视频来进行广告营销，与传统的营销渠道相比，成本更低，同时用户触达率相对较高，这也是大量广告主愿意通过短视频进行营销的原因。

### (2) 短视频平台上线"打赏功能"：或成平台生态良性发展的最强武器

美拍平台在迎来两周岁之际推出了5.0版本，这一版本中最为亮眼的无疑是新推出的"短视频道具"功能，这一功能意味着短视频平台也可以像直播平台一样，开通打赏功能，通过道具来实现变现。用户通过"短视频道具"功能来购买道具，然后便可以赠予短视频博主，这也是短视频领域第一次上线"打赏功能"。

无独有偶，音乐短视频平台奶糖也推出了短视频打赏功能"金奶糖"，让短视频博主多一个变现通道。在"金奶糖"功能上线之后，短视频博主"乔仁心小弟弟"的一期短视频在3天之内获得了5万金以上的奶糖打赏,折合人民币大约6000元,如图7-1所示。

图7-1 短视频博主使用"金奶糖"功能

如果把平台广告分成看作外部"输血",那么打赏变现可以说是短视频博主的内部"造血"功能,是营造短视频平台良好生态的重要因素之一。良好的短视频生态包括吸引能够制作优秀内容的短视频博主以及短视频平台为博主所提供的变现渠道,而短视频平台中的打赏功能便可以补齐短板,打通这一生态链。

不少人认为,打赏变现只是对于影响力较大的短视频账号管用,因为这些账号无论是在粉丝群体还是流量规模上,都占据了更大的优势,能够获得的打赏收入也更多。但需要注意的是,短视频头部账号并不缺乏变现渠道,贴片广告、创意植入或者是站台走秀等都是他们变现的部分渠道方式,而打赏的变现机制所带来的收益并不值得重视。然而,对于中长尾甚至是刚开始创业的短视频博主而言,打赏的每一笔资金都代表着用户对博主的信任与鼓励,其包含的意义远大于金钱本身。

从目前的短视频行业格局来看,短视频竞争逐渐加大,通过精耕细作的内容更有机会吸引用户。因此,打赏变现将成为短视频平台建设良好生态的重要武器。打赏变现背后所蕴含的认可与鼓励,都能够增强短视频博主创作的积极性,同时提高对短视频平台的依附性，是比评论、点赞等更具说服力的正向反馈方式。

打赏变现功能有助于挖掘优质或者有潜力的短视频博主，并且让他们有机会能够接触短视频以及新媒体的相关知识，进而提升其创作能力与短视频的消费价值，形成平台与短视频博主的共赢局面。短视频博主通过平台获得像直播、公众号一样的打赏时，精神上的亢奋将会促使他们更加努力地投入到创作之中，呈现出有效的内容表达，实现短视频的良性循环。

## 7.1.2 广告分成收益更高的独家签约模式

根据艾瑞咨询《2017年中国网红经济发展洞察报告》显示，我国的"头部网红"中，有90%以上已经和MCN机构签约。与MCN机构签约是独家签约模式的具体表现内容，目前这一模式已经成为短视频博主能够快速吸粉，并且通过流量转化实现变现的主要路径。

MCN起源于YouTube，是通过网红经济来进行运作的变现模式，在国外发展已经比较成熟。MCN本质是以多频道网络为概念的一种产品形态，将平台中的PGC内容聚集起来，并且对短视频团队予以资本支持，让短视频内容能够持续输出，进而保障实现商业稳定变现。

MCN模式在我国的运用，是通过借鉴国外的运行思路还有经纪公司的模式，将其改造为一种网红短视频博主的经纪公司。简单来说，只要短视频博主与MCN机构签约，短视频的包装、营销、变现等都会由MCN机构专人负责，而短视频博主只需要专心创作内容即可。不仅如此，MCN机构还可以与短视频平台进行合作，由自己来孵化、培养短视频中的网红博主，而平台则提供流量倾斜来帮助他们成长。

要知道，流量扶持是短视频领域新入驻的账号中十分关键的资源，卡思数据报告中也证明了这一点。比如，青藤MCN旗下所培育的Dr.G科学育儿短视频账号，在发布第一则短视频时，便通过官方的流量倾斜而被推荐到热门信息流中。通过这一推荐，Dr.G科学育儿短视频账号迅速获得上万粉丝。在这一批初始流量以及平台推荐的带动下，Dr.G科学育儿短视频账号粉丝数量稳步增加，如图7-2所示。

图7-2 Dr.G科学育儿短视频账号

除了独立的MCN机构,目前众多短视频平台都开启了MCN战略,比如抖音、美拍等。以抖音为例,根据抖音所发布的"抖音多元化MCN双周TOP榜"可知,该平台会定期分析短视频的数据,并且分别归纳出"人气TOP5(播放量最高)""吸粉超新星(涨粉最快)""劳模战斗机(视频数量最多)"的短视频。在这3个项目中的短视频账号将会获得抖音平台所提供的双周的一级流量支持。不仅如此,播放量最高的短视频账号还可以获得抖音的热门活动预理特权。而通过仔细分析便可发现,通常能够在这3个项目中排上名次的短视频账号都是头部账号,而每一个账号背后都是签约了MCN机构的。比如,"歪果仁研究协会"账号背后是唯喔科技,"nG家的猫"也已经与鹿角熊文化签约,而粉丝量高达2000万的"一禅小和尚"也已经归属于大禹网络。

对于短视频账号而言,MCN模式的最大吸引力便在于流量扶持。根据《抖音MCN合作模式正式版》中的内容所知,根据不同的条件,MCN机构被划分为3个等级,需要满足这3个等级的条件才能入驻抖音。其中要求较低的是第3等级,其入驻条件包括"有5个原创账号、月产50条视频,主平台账号粉丝量级超过300万"等。与第3等级相对应的,抖音所提供的扶持包括"新入驻账号冷启动流量扶持""商业化变现帮助"等。最受人注目的是第1等级,其所获得的扶持是最好的,包括"热门活动提前获知权限""抖音特权功能优先申请"等。

对于抖音所提供的流量扶持,某位已经入驻MCN的抖音红人也表态,"必须表扬一下我的一位朋友,在和他聊入驻MCN时我说你的内容只要有流量就一定爆发,结果他加入了16天粉丝量就破百万。"另外,一位MCN机构负责人表示,"刚签的一个网红,在抖音发了个视频,获得100万点赞,涨了十几万粉丝。"由此可见,通过短视频平台所提供的流量扶持,对于短视频账号的成长的重要性。

除此之外,根据报道,抖音尝试过与MCN机构签独家协议。只要短视频账号粉丝量达到100万以上,不仅能够获得资源曝光置换,抖音平台还能够保证每个月为其接下3单以上的广告,而短视频博主每个月也能获得5000元的保底费。

针对当前的MCN机构变现模式,观新媒体行业分析师马世聪也曾经表示,"单打独斗难以突破,创作者转投MCN寻找破局点。如今,包括淘宝、微博、美拍、大鱼号等在内的各类平台都提出了发展短视频MCN的战略布局。"

与之相对应的是,MCN模式虽然获得了平台所提供的流量扶持,但是短视频账号所获得的广告收入,也需要与MCN机构、平台来进行分成。MCN模式之所以受欢迎,是因为在广告分成上能够获得的收益也更高,但也不能一概而论:"MCN可以提供资源,但红人接到广告也要与其分成。头部红人挣几百万,即便分成收益还是很可观,但一般的博主如果接一条8000或者10000的广告,实际上就没有那么多盈利了。"

短视频变现的方式仍在不断挖掘,但独家签约的MCN模式必然是目前收益最高、最有保障的变现方式之一。因此,在不断探索新的变现模式的同时,短视频账号首先应该掌握好MCN模式所提供的流量,实现更高的流量转化。

## 7.2 短视频博主可扩展变现方式实战策略

随着西瓜、抖音、快手等短视频平台的发展，短视频成为当下最流行的吸金方式之一，因此吸引了大量创作者投身该领域，衍生了数以万计的短视频团队。但是表面看起来光鲜亮丽的短视频团队在创作路上相当坎坷，并且纷纷陷入变现瓶颈。根据相关数据显示，短视频行业中超过一半的短视频博主尚未实现收支平衡。为了突破这一瓶颈，短视频博主必须通过扩展变现方式来解决变现难题。

### 7.2.1 短视频账号内容付费变现实战技巧

短视频变现模式已经逐渐趋向多样化，除了通过广告流量来实现变现，导向内容付费同样也是受欢迎的变现形式。导向内容付费与视频内容同气连枝，在购买转化上更具优势，而且模式与工具相对成熟，进而降低试错成本，有利于快速盈利变现。

综合市场上的短视频方向来看，内容付费更适合垂直类短视频使用，像追求热点的资讯类短视频，需要了解的是如何通过流量来快速提升变现效率。因此，我们针对垂直类短视频，总结出短视频账号内容付费变现思考逻辑，如图7-3所示。

图7-3 短视频账号内容付费变现思考逻辑

### (1) 首先,用户会为什么样的内容付费:有用的内容+排他性内容

不得不承认的是,互联网获得快速发展的原因之一正是将"免费"这一概念发挥到极致,让互联网中的绝大部分信息处于免费状态当中,让用户自由获取。短视频博主想要实现内容付费,了解用户会为什么样的内容付费是必不可缺的流程。综合来说,用户会为2种内容付费。

第一种是为"有用"的内容付费。互联网信息随处可见,给用户带来了相当大的便利。但是用户在享受互联网所带来便利的同时,也往往会因为信息过多而感到焦虑。毕竟每个人每天的时间有限,除去工作、学习、睡觉等时间外,空余时间并不多,因此用户更愿意为对自己最为有用的信息来付费。

基于这一现状,有的短视频博主迅速开设知识付费课程,成为内容付费中的典型案例。知识付费课程既有助于用户实现个人技能提升,同时还可以帮助用户获得体系化的知识,进一步开阔眼界,帮助用户节约注意力成本,因此用户愿意为资源付费。

第二种是为具有"排他性"的内容付费。"排他性"即版权意识,说明内容是仅此一家,用户需要这些内容的情况下,也只能付费才能获得。

### (2) 其次,用户付费的两种主流形式:会员制+特定内容产品

根据用户所愿意付费的内容,用户付费最主流的两类形式呼之欲出,即会员制与特定内容产品,而特定内容产品通常为课程内容。经过长期的探索,会员制

与特定内容产品都取得了不错的效果，也有成功的案例值得广大短视频博主借鉴学习。

《看鉴》是北京中澜视讯传媒科技有限公司打造出来的知识短视频产品，内容发展方向为历史人文、自然地理、文化风俗等，并且通过2～5分钟的时间来生产一期关于历史、文化、知识的短视频内容（图7-4）。

| | |
|---|---|
| 第111集 青铜兽首真的值两亿吗 | 第110集 最早的地理百科全书 |
| 第109集 秦驾的速度有多快 | 第108集 稀世珍宝是王妃的随葬品？ |
| 第107集 奉天承运不是每个朝代通用的 | 第106集《富春山居图》是一幅残画？ |
| 第105集 史上四大吃货 | 第104集 东华门引发的大礼仪事件 |
| 第103集 司母戊鼎的劫难 | 第102集 史记为什么能做到这么完备？ |

图7-4 《看鉴》的部分内容

《看鉴》是会员制内容付费的典型节目，发展至今已经推出了涵盖历史、地理、探索等不同领域的付费专辑，而每个专辑中所包括的定制视频内容为10条，用户可通过付费1～80元不等来获取这些内容。

基于以往电视节目的积累，粉丝对《看鉴》日常节目内容已经具备了一定的信任基础，因此大量付费购买，《看鉴》的销量高达近百万份。与一些视频平台一样，某些特定内容既然可以实现知识付费，年度会员制也是能够推行起来的。因此，《看鉴》推出了每年收费200元的年度会员，推出1年后累计会员达到千万。

《看鉴》是基于以往电视节目的积累的短视频节目，因此本身具备较大的粉丝团。对于积累不足的短视频内容来说，可以选择依据自身优势来推出更具竞争力的视频，比如推出更新周期短、内容密度低的课程，相较之下显得更加适合。比如，影视类的短视频大号"看电影"则是通过这一方式，推出了电影剪辑学习课程，并将其定价为99元，进而激发对此类内容感兴趣的用户群体的购买力，最后获得的购买转化率也是比较可观的。

### (3) 最后，如何打造内容付费课程

以"两米青年"为例，这一短视频账号获得了今日头条、网易等诸多平台的扶持，是通过向粉丝介绍视频软件剪辑技巧的内容迅速为大家所知。"两米青年"依靠恰当运营而获得了高流量与高粉丝关注度，并在其后推出了《Premiere电脑剪辑软件》《手机拍视频玩今日头条赚钱》等付费课程。

在其付费内容当中，与今日头条赚钱相关课程是最受用户欢迎的。在这一系列课程中，"两米青年"从基础的器材选择技巧开始，并且逐渐讲述拍摄器材选购、上手拍摄技巧、素材选择、内容设置、后期处理等拍摄的全部流程，如表7-1所示。

表7-1 "两米青年"《手机拍视频玩今日头条赚钱》部分课程讲题设置

| 拍摄器材选购（4节） | 上手拍摄技巧（3节） | 如何找素材（3节） |
| --- | --- | --- |
| 手机即相机 | 脚本撰写 | 如何下载免费视频/音频素材 |
| 如何用好三脚架 | 室内拍摄技巧 | 如何进行手机录屏 |
| 麦克风收音技巧 | 室外拍摄技巧 | 如何进行电脑录屏 |
| 好画质，专业灯光不能少 | | |

从全流程出发仅是一个开始，对于用户而言，"两米青年"还深化了每一个操作细节，让用户能够从中获得实战性知识。除此之外，付费用户还可以获得课程运营人员所提供的社群免费咨询服务，让用户能够集中在一起讨论问题，并且由主讲老师集中解决，在一定程度上更提升了用户的付费满意度。

## 7.2.2 如何做好收益不菲的品牌定制广告

短视频行业在2016年正式进入爆发期，广告主把握住短视频带来的碎片化媒介环境，并且通过这一渠道进行营销，更容易获得受众的关注。因此，众多品牌纷纷通过短视频来投放广告。

就目前的发展状况而言，最常用的短视频营销模式还是流量分成和视频贴片，但就长久而言，这并不是广告主在短视频中营销的最佳出路。广告主与短视

频博主可以通过将短视频实现商业定制，在短视频中融入品牌的营销诉求，在传播内容的同时也可以提高用户对品牌的认知度。品牌定制的短视频广告更容易获得广大用户的认可，相较而言也更有助于短视频营销。品牌定制短视频广告在各方面有着自己的"套路"，比如如何叙述品牌故事、如何体现品牌价值等，根据这些"套路"可以总结出6种玩法（图7-5）。

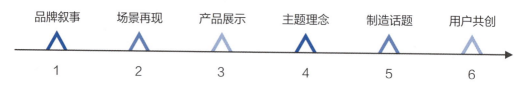

图7-5　品牌定制短视频广告的6种"套路"玩法

### (1) 品牌叙事

在短视频营销中，由品牌创始人亲身讲述品牌的故事、过程以及理念等内容，相对而言是更能够打动用户的，并且不少用户也偏爱看这一类的内容，以期能够从中学习、借鉴某些知识。一些受众也会因为对品牌创始人的偏爱、崇拜等情绪，进而将注意力转移到创始人所创造的品牌当中。

"一条"短视频团队曾经拍摄过一期内容，名为《丁磊：挣钱只是一个顺便的事情》。这一期内容是通过采访网易的创始人、CEO——丁磊。而在不到7分钟的短视频当中，丁磊涉及的话题内容有外界不理解的种茶、养猪，还有备受外界关注的产品，比如网易云音乐、网易严选等，进而讲述关于金钱与幸福的理解。而提到养猪、做游戏等内容时，丁磊表示："一般人做不了这件事情，因为的确花了太多的钱了。"丁磊认为，养猪和培养网易云音乐都是一样的，他只是在用心去做一款产品而已，如图7-6所示。

用户在查看这一期短视频时，所留下的最深印象便是"用心做一款产品"。这一印象将会转化为对网易旗下所有产品的印象，这个广告无疑是成功的。

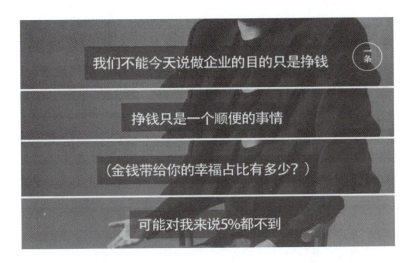

图7-6 短视频《丁磊：挣钱只是一个顺便的事情》的部分内容

### (2) 场景再现

品牌定制短视频广告经常使用的"套路"之一，是通过再现日常场景，再加以渲染，直击用户的消费痛点。这种方式往往是通过产生巨大的反差，进而大幅度转变用户的传统消费观念。

新媒体大V咪蒙与品牌舒耐曾经合作过一次，并且形成定制的短视频广告——《见人法则》。在这一短视频当中，咪蒙选择了3个场景，分别是职场、约会以及朋友。这3个场景都是能够引起当代年轻人共鸣的常见场景，尤其是职场。在职场场景中，咪蒙设置为求职面试过程，讲述了在面试之时，面试场所空调损坏，让场景中的人的情绪有所波动。而一位使用了舒耐喷雾的求职者给面试人员留下一个"清爽"的印象，进而在众多实力雄厚的面试者中脱颖而出，最后一步步走向成功。

求职场景是普遍需要经历的过程，因此这一场景通常能够戳到用户的痛点。最后，咪蒙以"干净清爽，就是一种实力"来突出主题，以生活中需要时时刻刻保持"清爽"来展示出自己的实力，来轻松向用户传达舒耐品牌"清爽见人"的《见人法则》，如图7-7所示。

图7-7 短视频《见人法则》所传递的理念

### (3) 产品展示

产品展示的品牌定制广告是最容易受到忽视的一种形式,因为很多人认为这难以展现出足够吸引人的创意。但是在实践过程中,产品展示却能够获得出乎意料的效果。

"一条"短视频节目与品牌梦龙合作时,为其量身定做了一则短视频广告——《学会这道甜品,你就能让任何人欲火焚身……》。这一广告内容所呈现的内容是甜品制作师将梦龙冰淇淋与甜点相结合,进而制作出一种具备创意性的产品,以此来给用户展现梦龙冰淇淋的多种使用方法。

这一短视频通过拍摄技巧、拍摄环境等方面的渲染,将产品展示得十分具有诱惑性,进而打动用户。不仅宣传了梦龙品牌,同时还宣传了梦龙Pleasure Store,吸引用户前去品尝。同时展示了梦龙品牌的创新能力,表达出梦龙冰淇淋的100种打开方式,只要是用户喜欢的,都可以从中发现。

### (4) 主题理念

对于短视频营销而言,营销核心在"主题"二字。而如何在主题中融入品牌理念,并且让品牌理念在短视频中得到充分展现,这无疑是短视频博主需要注意的一大问题。

"办公室小野"是洋葱视频旗下的一款短视频节目,在与江铃汽车驭胜合作的《神奇!办公室小野,站在食物链最顶端的女人》创意定制广告视频里,洋葱视频让旗下的小野与七舅脑爷两位核心演员合作,进行新的风格调整,给粉丝耳目一新的感觉。

这则短视频借助"办公室小野"在美食界的热度,以及"天才主厨"(小野所饰演的角色)的话题性,进而通过台词"这车不错,和你很搭嘛(指天才主厨的角色)",将品牌主题理念"高端"给显示出来。

### (5) 制造话题

品牌定制短视频广告是否有效,能够产生多大的影响力,最重要的还是要看其是否能够形成话题。因此,短视频博主在生产内容之前,要有意识地制造话题,而在随后的推广中要不断宣传话题,引起用户的热议,才有机会形成视频中的"爆款",获得更多的话题。

"人类实验室"短视频团队与三九感冒药合作拍摄的《你知道吗,其实有人一直偷偷爱着你》短视频中(图7-8),他们走向了温情的路线,用现实生活中的多个场景来呈现人间的温暖。短视频通过同时推进多个人物的叙事线索,在开头设置悬念,最后在结尾出现了产品和品牌形象,传递出"温暖"的主题。与此同时,这一则打动人心令人印象深刻的短视频让用户从中看到了自己的影子,引起了大量用户的共鸣,进而转发讨论,最后登上了微博热搜。

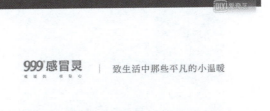

图7-8 三九感冒药短视频营销广告

### (6) 用户共创

用户共创也就是UGC模式，UGC模式之所以受到用户欢迎，与其呈现出来的"三真"原则不无关系，即真实人物、真实故事以及真实情感。遵循"三真"原则往往能够拍摄出与用户相关性强的故事，进而让用户产生心灵震撼。

"新世相"策划的最为经典的案例自然是《四小时逃离北上广》，而在短视频领域，这一团队与科沃斯机器人合作（图7-9），并且发起一则活动："在中秋节这天，我们买好机票，你回家去跟父亲好好谈谈，并在线征集十个故事。这一次，'新世相'跟随参与者一起回到老家，和父母坐在一起，把一些敏感的话题搬上饭桌，单身、晚婚、丁克、同性恋等，和父母面对面交流吐露心扉。"

图7-9　新世相与科沃斯机器人合作广告

这一期短视频将科沃斯机器人的品牌价值观——"家庭陪伴"的概念传递给用户，与短视频所发起的活动是相符的，同时引导了用户共同参与，其影响力毋庸置疑。

通过以上6种"套路"玩法，短视频博主能够将内容与营销实现更完美的结合，进而制作出影响力更大、效果更好的品牌定制广告。总而言之，成功的品牌定制广告是建立在好故事的基础上，再将品牌理念融入其中来直击用户痛点，让用户实现"认知"到"认可"的转变。

## 7.2.3 短视频内容电商实现更高卖货转化率实战要领

互联网的兴起改变了大众的消费模式，电商也在不断与各种新兴形式进行结合，用来推动自身发展。随着短视频的兴起，其自带的娱乐属性以及仍待挖掘的流量等优势，让短视频成为新的营销风口，同时也是商家获取流量的重要手段。

随着短视频平台、博主的不断摸索，短视频如今已经可以作为红利流量的入口，成为一种有效的盈利方式，而传统电商平台获取流量的渠道越来越少，因此短视频+电商成为短视频变现方式之一。短视频博主需要将商品无缝衔接到视频内容当中，进而实现更高的转化率，解决销量问题。

如今各大电商平台都在大力推广短视频，这足以说明短视频在推销商品时所具备的优势：短视频所呈现的内容、产品细节等可以有效增加用户停留时长，尤其是在美妆、服饰、厨具、家居等需要商家将使用场景展示出来的领域，效果更为显著。不仅如此，短视频内容在提升潜在转化率上的成就显得更为突出。

比如，京东曾经发布了一组《京东商品短视频数据研究报告》，是通过视频播放率、用户画像、商品转化率等多方面分析而获得的。报告显示，四分之一以上的用户在购买产品之前，会主动点击查看短视频，视频转化率最高的商品分别是家居家纺、礼品箱包、服饰内衣这3个方向。

另外，用户在京东中观看短视频的平均时长为51秒，播放完成率在80%以上。以家电品类为例，因为高质量短视频的加入，这一类商品的销售转化率值上升了18%，有的商品转化率甚至翻倍。这无疑很好地证明了短视频具备提升用户体验以及促进高效转化的功能。

对此，商家需要制作什么样的短视频内容，才有机会打动用户，并且潜移默化来激发用户的购买欲呢？在此总结出3点内容，如图7-10所示。

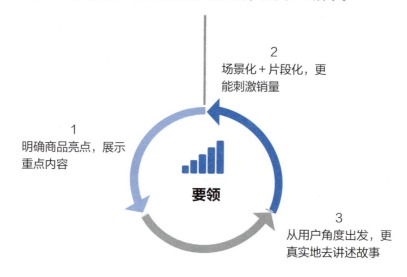

图7-10　短视频内容电商实现更高卖货转化率的3大要领

### (1) 明确商品亮点，展示重点内容

在商品同质化严重的背景下，短视频内容是出奇制胜的有效手段。因此，在制作商品短视频之前，商家需要分析总结出商品的亮点，在有限的时长中，能够将商品的功能、特点以及效果展示中充分展示出来。另外，短视频需要在5秒之内快速吸引用户，因此内容最好开门见山，保证在5秒内切入主题。而在效果导向上，商家不需要强行往华丽的方向指标走，只要将商品定位以及卖点明确出来即可。

### (2) 场景化＋片段化，更能刺激销量

场景化的短视频是将图片、文字等叙事方式不能表达出来的要点给表达出来，而片段化的短视频是指商家不要将商品的所有要点全部展示出来，而是学会在有限的时间内，表达出用户最想知道的、对他们最有价值的信息。商家将二者结合起来，能够在有效的时间内表达优势以及重点，让用户获得有效信息的同时，更有利于刺激用户的购买欲，进而提升转化率。

### (3) 从用户角度出发，更真实地去讲述故事

众所周知，在电商平台中，最真实的体验与评价将会决定用户是否购买商品，而这些体验与评价通常来自亲朋好友的推荐还有平台中的用户评论。真实的情况能够让用户提升对商品的信任感，是提升转化率的有效武器之一。

因此，商家在制作视频时，依然需要遵循"三真"原则，将真实融入商品当中，让用户能够更为直观地了解商家的真实信息。通过短视频反射出来的信息，用真实的人物来将真实的故事表述出来，以此来传达真实的情感，用户自然而然能够感受到商家所传递的内容，加深观看印象。

总而言之，为了迎合用户碎片化的时间，充分利用用户分散的注意力，只有制作出足够精彩的内容才能打动用户。因此，商家需要将商品、品牌等尽可能地融入原生内容中，这能够在一定程度上加强用户对商品、品牌的印象，进而提升转化率。短视频的出现无疑是电商的营销新方向，完成了从目的营销到内容营销的变革，建立在刺激用户感官的基础上来获得用户的情感认同，自然能够在营销事业中实现更好的发展。

## 7.3 打造MCN体系进行规模化变现

早在2009年，MCN体系便因为其自带的组织化、规模化特性，在国外众多社交平台中获得发展，并且成为许多内容生产者的重要选择。与此同时，Maker Studios、Style Haul等MCN机构相继出现，成为实现内容变现的重要环节。随着短视频的风靡，MCN体系在近些年来传入我国，通过这一体系能够帮助短视频团队快速实现规模化变现。

### 7.3.1 什么是MCN体系

MCN的定义在前文中已经简单叙述过，随着短视频的火热兴起，MCN也逐步被人熟知。简单来说，抖音平台中跳舞的代古拉K、用饮水机煮火锅的办公室小野以及众所周知的papi酱都属于MCN，而她们的成功也正是MCN体系所打造而成的。

#### (1) 平台为什么要扶植MCN

短视频平台的最终目的是为了实现商业化变现，而变现效率将会影响这一目的的效果。与此同时，变现效率的主要动力来源于短视频的优质内容生产效率，而在短视频的诸多选择中，MCN体系的优质内容生产效率最高。MCN体系能够将众多散兵游勇（自媒体）聚集起来，并且通过预判内容、策划生产、专业剪辑等手段来持续输出用户喜欢的优质内容。

papi酱有源源不断的素材可以生产，办公室小野在简陋的办公室环境中仍能有那么多创意，代古拉K的舞蹈多种多样……这些短视频博主并非独立发展，而是由专业的团队来策划、宣传、剪辑等。由此可见，得到专业而高效的团队的支持，是提高短视频内容的生产效率的有力武器。

在获得专业团队的支持之后，预判什么样的内容是更受用户欢迎的，进而将其打造成爆点，也是MCN体系的优势之一。预判内容的爆点能够有效指导短视频博主拍摄出用户更感兴趣的内容，许多短视频平台的创作风向都是这样的类型，是基于已有的数据进行推测的，而如果平台缺乏这些数据，便可以充分发挥MCN优势来达到预判内容的目的。MCN能够从用户的角度出发，以独到的审查眼光来推断出能够引领风潮的内容，并且进行创造。

除此之外，MCN精细化的运营也是将内容引向爆点的一大优势。比如代古拉K"甩臀舞"红遍全网，便是在获得第一波爆发式流量后，其背后的团队开始进行二次运营，大量剪辑关于视频的手机动态壁纸以及与舞蹈达人PK的视频，并且通过微博、公众号等各大渠道进行扩散，让这一内容获得二次爆发，风靡全网，创下了一个短视频便获得了1000万粉丝的纪录。

### (2) 业界的MCN发展状态

在互联网行业中，新浪微博是最早引入MCN的平台，在2016年便开始引入了200家视频MCN机构。经过微博的流量分发，MCN的发展也让人感到满意，微博平台的短视频播放量较以往增加了大约50倍，短视频账号平均涨粉大约52%，微博与MCN的合作取得了双赢。

除了微博之外，MCN在美拍视频平台中的发展也是风生水起，成为这一平台生态布局中最重要的一环。其生态金字塔自下往上是普通人、达人再到MCN，MCN的地位可见一斑。美拍平台用户以女性为主，女性用户集中关注的美妆、美食、娱乐等都可以看到MCN的影子，而这些分类也成为第一批与美拍签约的MCN机构，比如快美妆、洋葱视频。

根据统计数据来看，MCN的机构数量在2018年比2015年高出20倍，如图7-11所示。这些机构伴随着网红经济的崛起，创造了巨大的经济价值。

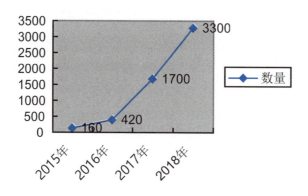

图7-11 短视频MCN机构数量

从资本市场的角度来看，MCN也正在逐渐被资本所接受，主要原因是信息流与短视频的快速增长也随之得益，甚至开始获得各大投资机构的融资金额。随着互联网行业对短视频市场的争夺越来越激烈，对优质的短视频内容的诉求也会随之增大，因此MCN必然会在这一条件下不断发展壮大。

**(3) 短视频平台如何更好地与MCN合作**

平台的需求是收益，MCN的需求是流量，因此双方合作实现共赢的方式是由MCN机构创造出优质内容，再由平台大力扶持这些MCN短视频并且提供流量倾斜，最后由MCN机构不断收集用户的反馈来制作用户喜欢的短视频内容，进一步扩大自己的影响力，为平台的变现提供基础。

但是以目前的市场状况来看，短视频领域存在较为严重的马太效应（强者越强，弱者越弱）。许多用户对于短视频内容的需求都是比较一致的，因此视频播放量前十名的短视频往往都占了一半以上的播放量，长尾效应尤其明显。因此，如果短视频平台能够获得播放量最多的前十名短视频节目的独家版权，那么能够获得的流量效果要比剩余的短视频所带来的更好。

从MCN的角度来看，成功的重要基础便是粉丝。比如MCN机构洋葱集团旗下的短视频博主办公室小野与代古拉K，截至2019年1月，办公室小野抖音粉丝数达到2022万，代古拉K抖音粉丝数达到2296万。从这一层面上来说，洋葱集团属于比较成功的MCN机构，而这与其和抖音的紧密合作自然是有关系的。

综上所述，MCN体系是能够为短视频博主搭建成长渠道，并且结合平台的力量来助力短视频博主受到用户欢迎的一种模式。从目前的情况来说，MCN是短视频中运营以及变现最为成功的一套体系。

## 7.3.2 短视频同体系账号相互引流，打造营销矩阵实战攻略

在MCN体系中，运营的账号往往不止一个，许多看起来风马牛不相及的短视频博主，事实上都是同一家MCN团队中的，因此同体系账号相互引流的场景并不陌生。同体系账号相互引流有助于打造营销矩阵，让短视频变现更为方便快捷。同体系账号相互引流通常都是以大带小，大多数MCN团队都使用过或者正在使用这一方法。为了能够让同体系账号相互引流获得更为明显的效果，在此提出6种可以借鉴的方法，如图7-12所示。

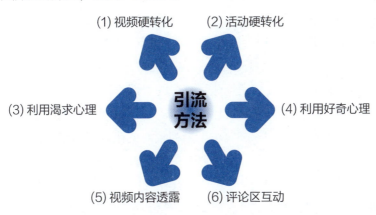

图7-12 让同体系账号相互引流的6种借鉴方法

**(1) 视频硬转化**

视频硬转化是指在短视频内容中直接显示关于同体系账号的信息，进而引导用户去搜索并且关注账号。通常情况下，短视频博主可以在视频的最后贴出同体系账号的名称或者是账号信息，比如"办公室小野"或者是"抖音号7959561"，这是最简单直接的导流方式。但这种做法存在一个缺点，即未必所有的用户都能看完短视频，导致同体系账号的曝光度没那么高，因此这种方法适合用户观看完成度比较高的短视频博主来使用。

将同体系账号的信息放在视频中间的时间段，并且出现在某一个角落（一般

来说是右下角），这种做法能够有效避免上述的大部分用户没有看到的情况。当然，如果这些信息出现在短视频中比较重要的内容中，能够有效增强信息的曝光度。

短视频博主还可以直接在视频中提到同体系账号。比如，在讲今天的主要内容前，短视频博主可以在视频中说一句："还没有关注×××的小伙伴，可以搜索一下账号000000来关注一下。"

### (2) 活动硬转化

有一些需要引流的同体系账号是新开设的，往往会通过举办一些小活动来吸引粉丝，因此短视频博主可以告诉用户，关注某一账号可以参加一些小活动，或者获得奖品、红包等，让用户知道能够获得福利。

①关注同体系账号有奖品、发红包　这适合同体系账号早期引流时使用，通过这种方法告诉用户，关注账号后，在某些固定日子能够获得小礼物，比如每周四、每个月4号之类。这种引流转化的方式类似于地推、扫码送礼物，效果一般，用户忠诚度较低，因此只适合账号开设的早期阶段。

②关注同体系账号后可以参加比赛　有的短视频账号会通过短视频内容来展示活动内容，并且带动用户参与其中。短视频博主在发起活动时，可以联合同体系账号一起进行，用户需要关注两个账号后才能参加。这种引流方式与送礼物、发红包相比，引流效果还要更差一些，但是用户的忠诚度与活跃度却相对较高。

③视频留言抽奖，抽奖名单在同体系账号　这种方式除了引导用户关注同体系账号，还能有效提高视频互动度，这对于一些短视频平台来说是非常重要的指标。

### (3) 利用渴求心理

这种方法是指在自己的短视频中抓住用户的痛点和渴求点，给用户展示部分内容，让用户对内容产生兴趣或者需求，然后进行引流。

①相关信息　当短视频博主已经形成一个IP形象并且为大家所熟知时，用户通常会对博主存在一定的求知欲，想要了解博主更多的信息，短视频博主正好可以利用这一点来引导用户关注同体系账号。比如，在短视频末尾出现提示："想了解我日常是个什么样的人，可以关注×××"等。又或者利用拍摄短视频时所

发生的花絮、劲爆内容等作为引子，进而引导用户来关注同体系账号。

这种引流方式相对来说还是比较实用的，只要将视频内容与引流内容结合得好，并且戳中用户的痛点，引流效果是相当不错的。

②完整内容　这个方式是将短视频博主与同体系账号联合起来拍摄短视频，在自己的短视频内选取视频的上半部分内容进行播放，吊足用户的胃口，在关键时刻戛然而止，并且提醒用户想查看后续内容，可以到同体系账号中进行观看。

这种转化方式会在一定程度上伤害用户体验，因此要求账号拥有高黏性的粉丝。也就是说，一些粉丝数量较少的短视频账号不要轻易采取这种引流方式。

③相关视频　有一些短视频栏目做的是剧情类，这类节目的上期与下期是相关的，有的用户在等待剧情的同时，同体系账号可以做一些与本期短视频相关甚至是相同类型的内容，进而满足用户获取更多内容的需求。

### (4) 利用好奇心理

这一方式是指在短视频中抛出一个问题，或者展现用户想要获取的某些技能等，引导用户关注同体系账号来获取答案。比如，在短视频末放上："如何获得'再来一瓶'？博主×××告诉你，还不快去关注他！"

### (5) 视频内容透露

这是一种委婉的引流方式，通过将同体系账号的信息融入台词中，让用户无形之中接收到视频的引流信息，同时也是用户比较容易接受的一种方法。

### (6) 评论区互动

有的用户在观看视频后，不可忽略的信息之一便是评论。短视频博主可以在评论下留下同体系账号的信息，或者是回复用户时将这些信息融入其中，以此来引起用户的关注，这也是一种增加同体系账号曝光度的方法。评论区互动能够有效增加粉丝黏性，粉丝能够有受到重视的感觉，激励他们持续关注自己的内容。

需要注意的是，用户从一个账号转到另一个账号，本身便需要较强的动力，因此两个账号之间在一开始最好还是有一些关联，让用户更容易接受。最后需要强调的是，任何短视频引流方式都需要以好的内容为基础，否则不仅没有帮到同体系账号进行引流，还有可能导致自己的粉丝流失，更难达到营销矩阵的效果。

## 7.3.3 建立流程化账号打造体系，规模化变现实战方法

短视频虽然一直处在风口之上，但是也面临着十分严重的"马太效应"：头部账号占据的流量几乎高达90%，而众多中部以及长尾账号仅能瓜分剩余的10%的流量，同时还面临着变现困难、商业模式不明朗等问题。

针对中长尾账号的痛点，实现"从ID到IP"的升级，全面搭建内容健康生态，MCN体系在此时能够起到相当大的作用。MCN体系能够与短视频平台进行合作，集中管理其旗下的每一个账号，并且通过资源倾斜以及流量扶持，打造一个受用户欢迎的优质账号体系，进而加快规模化变现。下面我们以洋葱视频为例，讲述这一MCN机构是如何在短短两年间，打造了一系列网红账号的。

2016年，聂阳德创办了MCN机构洋葱视频，截至2018年10月，其旗下的短视频账号全网粉丝超过3亿，自主打造短视频账号达到83个。截至2019年1月，其旗下的短视频账号内容产品在全网的播放量在千亿以上。洋葱视频能够发展得如此迅速，与其建立的流程化账号打造体系密切相关。

### (1) "办公室小野"背后的故事

在一段1分59秒的短视频中，一间40平方米的办公室内，一位女员工使用办公室的器材完成了一次"火锅之旅"。她首先使用办公室插花的玻璃瓶捣蒜，并且使用剪刀剪菜，而饮水机的水槽一边加热一边被放入火锅底料。

这段短视频中的"饮水机煮火锅"给用户造成了新的视觉冲击，迅速全网刷屏，而这位女员工也因此一炮而红，迅速晋升为短视频中的头部账号之一，该段视频正是目前备受欢迎的"办公室小野"系列之一。

在这段短视频的背后，是洋葱视频创始人聂阳德的团队正在研究如何实现美食营销的创新，并且需要做到"在室内、有噱头"的要求，同时能够保证低成本的诉求。而小野作为团队中的一员，起初只是负责微信公众号的运营。在她眼里，拍视频比图文解说更有趣，于是提议通过短视频的形式在展现创意，而"办公室小野"也随之而诞生，并且创作了上述"饮水机煮火锅"的短视频。

截至2018年8月，"办公室小野"的全网粉丝高达8000万，视频累计播放量也已经超出了120亿。对此，聂阳德表示"当时也没有想到会这么火"。曾经从事电商的经历告诉自己，网红IP必须要生产不间断的优质内容才能持续吸引流

量，但是单靠一个网红IP来实现变现的风险较大。因此，聂阳德为了增加变现概率，成立洋葱视频来培养、孵化短视频账号，建立流程化账号打造体系，实现产品规模化变现。

得益于短视频的快速发展，办公室小野开始逐渐增加曝光率，2017年3月参加美国网红节VidCon，2017年9月参加知名综艺节目《快乐大本营》，小野因此而得到了更多的关注。此时，聂阳德开始思考"如何打造更多的小野"。聂阳德知道，想要保证持续稳定的变现，团队必须进行多渠道垂直内容分发，这要求团队必须要培养多品类艺人，建立流程化账号打造体系。

(2) 复制更多的"小野"

随着"办公室小野"的热度不断上涨，洋葱视频推出了一系列关于小野的家族成员短视频，但收获的效果并不好。比如，2017年5月，主打影视特效的"办公室小五"推出，但是在微博中的单期短视频播放量徘徊在百万左右，没有发生爆款现象。同时推出的"办公室小作"主打手作，虽然偶有爆款，但是整体的数据并不理想。

"办公室小野"的走红让洋葱视频找到了发展路线，但单凭"办公室小野"的节目来支撑，是很容易出现"出场即巅峰，巅峰即退役"的发展局面。因此，聂阳德选择了同时推出多品类艺人。

截至2019年1月，高智商暖男"七舅脑爷"的账号全网粉丝6000万，在抖音短视频平台中获赞接近2亿；被称为"最美双胞胎"的"李一檬EMOO"粉丝量也高达1200万；主打"走心路线"的老年人的发声筒"爷爷等一下"的粉丝也达到了900万，其视频内容多次被人民日报官博转发（图7-13）。这些账号全都是由洋葱打造的流程化账号，都验证了这一体系的可行性。

这套体系正在日趋完善，并且打造出来大众熟知的"代古拉K"。"代古拉K"的特别之处在于笑容让人感到十分亲切，通过展开系统化培训，给她打造了一个与往常完美的IP人设不一样的定位——一个普通人，非科班出身，每天进步一点点。"代古拉K"的曝光时间、内容、在什么节目上以什么形式出现等，都由洋葱视频严格把控，为的是能够让"代古拉K"保持热度。除此之外，团队为了避免用户审美疲劳，会对"代古拉K"的内容不断进行更新。正因为如此严格的系统化的打造体系，才会产生"代古拉K"一段舞蹈吸粉1000万的现象。

图7-13 "爷爷等一下"内容多次被《人民日报》转发

产生流量之后,变现问题也可以着手进行。聂阳德清楚地知道,如今的短视频账号以泛娱乐类为主,变现起来仍有难度,因此必须垂直深挖细分领域,打造出短视频垂直领域的KOL(Key Opinion Leader,关键意见领袖)。

于是洋葱视频在2018年推出了美妆类博主"大嘴博士",主打科学种草以及科学拔草,博主是香港大学有机化学博士,本身具备足够的专业知识。经过精细化运营,"大嘴博士"全网粉丝迅速达到1000万,其中有12万成了专栏付费用户。

### (3) 转型做内容生态服务商

"办公室小野"的爆红可能是偶然,但"七舅脑爷""代古拉K"等账号人气居高不下,这无疑证明了洋葱视频的流程化账号体系的成功。但聂阳德认为,"这毕竟是流量的生意,靠天吃饭不行"。因此,聂阳德提出要转型成为内容生态服务商。作为一个MCN机构,洋葱具备以下2大优势。

①内容制作能力 短视频博主需要生产优质内容来提升知名度,平台需要优质内容来获得广告主的青睐,广告主需要优质内容来增加曝光广告次数。洋葱在内容制作上的能力毋庸置疑,已经出现了较多的成功案例,因此对于短视频博主、平台以及广告主的吸引力足够强。

②洋葱视频清楚短视频营销的"套路" 聂阳德举了一个例子,美妆短视频博主的主要目的是卖化妆品,但是用户喜欢的确是短视频博主的化妆技巧,而不是她们想要卖的商品。因此,洋葱视频不仅仅连接内容制作者,帮助博主接商业广告,同时也赋能电商。

在聂阳德的理解中,明星艺人与短视频博主"在某种程度上来讲会有冲突",因为双方需要依靠品牌方的广告来变现。但是聂阳德也知道,"品牌广告植入的盈利方式确实非常稳定,但是整个市场的蛋糕也就这么大,而且市场非常分散"。在能够分成的蛋糕较小的情况下,聂阳德选择了从海外短视频平台引入流量,并且依靠海外电商变现。

于是,洋葱视频提前扩大海外布局,以期建立海外短视频内容生态,成就新的流量池。这一战略已经获得了初步效果,以"办公室小野"为例,这一账号在海外社交平台Facebook上的粉丝达到440万,而国内知名歌手周杰伦在这一平台上的粉丝量尚未达到400万。

如今,洋葱视频依靠其旗下的各种账号,涉及的变现方式包括电商、广告、版权、知识付费等,并且获得了新浪微博基金投资的天使轮融资以及A轮融资。通过建立流程化账号打造体系,洋葱视频不断壮大,员工规模已经达到了600人。

# CHAPTER 8

# 品牌短视频营销：
# 企业如何搭上短视频营销快车

在视频移动化、社交化的快速发展下，短视频成为品牌营销的风口，迎来资本的不断涌入。除此之外，各大平台、品牌纷纷抢滩试水，让短视频发展越来越火热，成为流量的大势所趋。而在这一基础现状中，各大品牌主纷纷在短视频营销战线上布局。品牌竞相扎堆短视频营销，但是想要做出成绩，还是需要获得高关注度以及保持热度，最后结合创意进行营销。

## 8.1 品牌短视频营销获取高关注度3步走

短视频营销的火爆程度毋庸置疑,因此吸引了麦当劳、星巴克、欧莱雅等各大品牌纷纷试水并且不断摸索前行。然而在前进的过程中,可以看到品牌热热闹闹地参与进来,但是能够获得高关注度并且被传为佳话的短视频营销案例却少之又少。品牌主们应该如何利用短视频这张牌来打出亮眼的成绩,并且获得高关注度,或许以下的3个关键点能够给众多品牌主一个思路。

### 8.1.1 基于社交话题引爆用户群的短视频内容

短视频营销是基于社交营销而产生的,其本质仍然是基于社交的互动型营销,因此在营销过程中切勿"自说自话"。想要完成一场成功的品牌短视频营销,能够引爆用户群的社交话题自然是第一要素。这就需要短视频博主搜集出用户切实关心的问题,并且借助短视频自带的便利属性为用户进行解答,让品牌推广内容获得大量认可。

随着电商的快速发展,"双11"已经成为社交中的一大话题,而短视频作为目前最受移动用户欢迎的互动方式之一,各大短视频平台自然也不会错过这一个机会。面对各式各样的品牌促销,消费者晕头转向,难以从上千万个品牌信息中选择对自己最有用的信息,此时他们对于商品清单的需求便应运而生。因此,在

2017年"双11"活动期间,天猫便已联手陌陌平台,推出以购物清单这一社交话题为主题的营销活动,在陌陌平台中展现出短视频话题定制页——"双11爆款清单",这一话题迅速被引爆。

得益于天猫与陌陌的联手经验,在2018年"双11"活动期间,唯品会与美拍也进行了合作,并且获得了相当亮眼的成绩。

2018年"双11",唯品会不仅与短视频博主papi酱形成合作,在微博平台中推出广告(图8-1),并且与短视频社区美拍进行了深度合作。在与美拍合作的过程中,众多短视频博主创作出一大批以"评测""拆免单"为话题的优质短视频,吸引了大量用户参与进来。

图8-1 唯品会与papi酱的短视频广告

营销还是需要建立在社交的基础上，但是社交氛围不是短时间或者投入大量资金便能营造出来的，这种做法很容易形成"强行社交"。美拍平台走的是"社交话题+电商平台"的营销路线，能够产生的转化率无疑是相当高的。美拍平台以短视频为载体，形成了以女性社交话题为内容的社区生态，"美容""时尚""购物"等话题形成新型的社交方式。女性用户在购物、打扮上是天生需要交流与模仿的，因此美拍中的短视频博主能够吸引大量女性用户跟随她们进行购买，日常交流互动相当频繁，能够形成有效的忠诚度。

因此，由美拍平台发布的短视频内容往往能够得到用户的欢迎，此次与唯品会的合作也不例外。根据美拍统计的数据可知，在这次合作中，他们为唯品会创建的"备战11.11只选无套路"话题参与用户高达300万，相关视频总播放量高达400万。

美拍还表示，在2018年的10月~11月，由于"评测"等社交话题的发酵，其孵化的特色内容"拆播"产量上涨50%，受众量上涨100%。因此，美拍才在与唯品会的合作中策划了"拆免单"的活动，并且受到用户的欢迎。

由此可见，短视频目前虽然受到欢迎，但是在转化上仍然需要社交话题。只有基于社交话题，短视频内容才能自带流量，迎来口碑传播。综上所述，有好产品，好内容，再结合好的社交话题，才能在不经意间引爆用户群。

## 8.1.2　做好品牌短视频内容传递场景故事化实用技巧

如果将短视频的所处场景进行堆砌，将会发现短视频的内容将一个人从早上的洗漱时间，到上班的路途当中，以及上班的休息时间等都已经占据了，而到了晚饭时间，短视频的使用更是达到了一个高峰期。由此可见，短视频已经逐渐发展成为用户生活中不可或缺的娱乐方式之一。因此，短视频作为全场景营销的一大渠道，在营销过程中也需要根据用户的生活场景进行创新，否则难以让营销浸入用户的生活中。

相关数据显示，70%的用户在视频广告上的停留时间大约为10秒，由此可见广告不受欢迎的程度。虽然很少有人爱看广告，但却有很多人爱看故事，尤其是能够反映现实生活中的场景的故事。因此，在这个内容营销时代，短视频博主打造一个高大上的广告，其效果未必有一个富有感染力的故事要好。成为爆点的短视频广告《番茄炒蛋》《逃离北上广》等，都与故事息息相关，都是用户生活中的常见现象。因此，在短视频营销中，短视频博主需要将广告品牌设为一种情怀或者价值主张，让广告成为一个能够直击用户的故事，用户的注意力自然而然能够被吸引过来。用户观看之后受到感触，也会自行转发短视频，让品牌得到持续传播。

比如滴滴拼车曾经推出一期短视频广告，上线仅6天便获得了超过1000万的播放量。这段短视频时长仅为1分44秒，但是完整地将3个场景通过故事的方式给展现出来。也就是说，大约半分钟便展示一个场景，每个场景都对应了滴滴拼车能够为用户解决的痛点，如图8-2所示。

图8-2 《西游拼车记》短视频展现的能够为用户解决的场景问题

以故事形式出现的短视频广告有趣生动，同时能够准确与品牌想要传达的理念进行结合，自然受到了用户的认可。《西游拼车记》短视频广告不同于传统广告单纯的品牌曝光，以简单、直接的展现方式让用户留下良好的印象，在引人入胜的同时还突出了产品的功能，自然能够获得更高的认可度。

正因为短视频的"短"，所以对于视觉冲击以及讲述能力的要求自然越高。因此，有故事的短视频广告并不意味着内容质量会下降，反而要求在原本的基础上精益求精，才能形成简单、直接、走心的好故事。

短视频广告的故事能够迅速引起用户共鸣，也因此而备受关注，再加之优质的内容，自然能够收获良好的反响。但是想要在几分钟甚至短短几十秒中讲好一个故事，同时需要达到良好的广告效果，短视频博主还需要从形式、内容以及传播渠道这3个方面着手进行。

首先，在形式上，除了滴滴拼车广告的构建场景讲述故事的方式，有一些短视频平台采取"系列"类的故事讲述形式，也同样显得足够新颖与特别。"系列"形式的短视频需要产生各不相同的内容，因此一经推出就能给用户带来新鲜感与惊喜，用户不容易产生审美疲劳。另外，短视频时间"短"的特质要求不能长篇大论，这对于一些具有悠久历史与文化内涵的品牌显得有些不合适。因此，"系列"形式的短视频能够进行剧情铺垫并且层层推进，让多个内容讲述同一个故事，让故事变得更为丰富更具有吸引力。

其次，在内容上，好的故事便是内容的基础。如果故事不够吸引人，短视频拍出来只会成为徒有形式的空架子，缺乏实质内涵。对于需要"惊艳亮相"的短视频广告来说，具备传染力的故事能够持续推动内容不断走向优质的方向，在获得点击率的同时还能获得好口碑。这便需要短视频博主学会准备好的故事切入点与亮点，同时还要让故事与品牌的定位、调性一致，二者完美结合能够产生更好的效果。

最后，在传播渠道上，短视频博主需要选择合适的平台来投放广告，这便需要考虑故事的特点以及受众属性。也就是说，短视频博主需要考虑品牌的"故事"是讲给谁听的，是幽默搞笑还是走心温暖等。

在短视频井喷发展的时代，短视频营销正在以不同方式进行着，而有故事的场景广告则具有无限潜力，为寻求变现的短视频博主提供了新的出路，但同时也会有越来越多的入局者。因此，短视频博主应该懂得如何真正地讲好一个故事。

## 8.1.3　品牌如何利用KOL资源搭建情感纽带

在广告界中有一则众所周知的法则，即"迪士尼法则"，意思是指每个动画人物都具备自己独立的世界。这一法则的本质意思是说，品牌方需要建立自己的品牌形象，打造属于自己的KOL资源。

KOL资源能够起到什么作用？被称为"日本版微信"的Line企业或许能够给

出一个答案。Line在2013年推出官方表情贴纸形象，并将其设为KOL展开相应的表情营销，因此被外界称为"靠卖表情包赚钱的公司"。2017年，布朗熊、莎莉鸡等KOL为这家企业带来了30多亿的收入，达到该企业总收入的1/3。

在短视频领域中，KOL资源当属头部账号的短视频博主。这些KOL资源身上隐藏着巨大流量潜力，他们与艺人相比更具亲和力，号召力也相对有效，因此受到各大品牌的欢迎。因此，品牌如何利用KOL资源搭建情感纽带，成为目前短视频发展的一大痛点。

KOL资源营销一直都是热门的引流渠道，同时也是品牌营销的有力武器。因此许多品牌在决定营销或者引流时，第一时间总能想起利用KOL资源。在大多数品牌眼中，KOL资源能够精准代表实实在在的收益。因此KOL资源营销不仅仅是各大短视频平台使用的武器，同时也是小品牌营销的高频手段。

在短视频营销的传播方式上，沟通方式以及正确抓取渠道都是关键点，而KOL资源便是短视频营销的主要渠道。KOL资源在短视频领域中的影响力堪比明星艺人，甚至更具交互性，同时也更符合现在年轻用户的接受程度。也正因如此，KOL资源能够在年轻用户群体中形成一种信任传递，因此也更容易引爆一次成功的短视频营销。

在天猫与陌陌合作的"双11"促销活动中，陌陌平台邀请了各大垂直领域的KOL资源来生产内容。比如美妆类的短视频博主分享"双11"活动的抢购攻略，时尚类短视频博主主打潮流搭配，而运动类短视频博主则推荐专业的装备产品……这些KOL资源垂直于用户群体来产生内容，更容易帮助品牌打动用户，实现有效转化。除此之外，在"双11"促销活动当天，陌陌平台特意推出了定制特效来营造有趣的互动氛围，让用户主动与品牌进行互动，增强用户对天猫品牌的好感度。

KOL资源营销的类型有许多，包括半成品、快消品、时尚用品以及日用品等。品牌可以根据自己的运营阶段来选择不同档次的KOL进行推广。小到评测、产品解说，大到相互对比、引导消费，无论哪一种方式都能够满足用户的不同需求。即便如此，与粉丝具备情感纽带的KOL才能够在某些程度上引起粉丝共鸣，因此品牌需要正确选择与自己适合的KOL，才能完成更有效的营销，主要从以下

3个方面进行筛选,如图8-3所示。

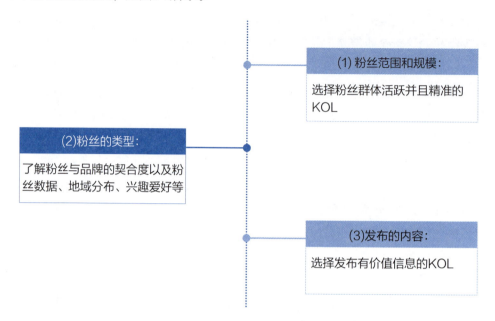

图8-3　品牌筛选KOL的3个维度

短视频KOL的打造是注意力稀缺时代进行营销的必然选择,随着消费升级,增强与用户之间的情感距离必将成为品牌抢夺流量的重要手段。而用户对品牌KOL的确认也将帮助品牌形成行业壁垒,构建品牌护城河。

## 8.2 品牌短视频营销保持日常热度的 4个常用话题方向

随着短视频的兴起,做内容营销的品牌越来越多。这两年通过各大平台能看到很多短视频营销内容,大部分是广告植入,也有看到围绕着热点进行定制的短视频内容,但事件热点与内容并非想关联便能够关联起来的。品牌与其不断去关注热点、借势热点进行营销,不如自己创造热点并且保持热度,让短视频营销能够获得更突出的成绩。

### 8.2.1 产品话题:不断变换样式宣传产品仍是营销重点

产品话题相当于人们进食时的主食,是帮助用户直观深入了解产品特点的重要方式。一般来说,产品话题包括产品的材料、生产、营销、用途等,以此来帮助用户了解产品的核心信息。比如用户在某产品的新品发布会上,通常能够看到关于产品的短视频广告,这一则视频能够帮助大家了解这款新品的性能、优势等。

虽然短视频的势头正好,但是作为宣传并且盈利的武器,需要通过多种方式来进行,以此来提升用户的新鲜感,避免审美疲劳,才是短视频产品营销重点。在此,我们总结出在短视频营销中,可供品牌变换的4种短视频广告的宣传样式,如图8-4所示。

图8-4 品牌变换的4种短视频广告的宣传样式

### (1) 原生视频广告

与传统广告不同,短视频的原生广告宣传样式更注重品牌信息与短视频内容的统一。因此,在这一方面,短视频往往以信息流视频广告的方式将品牌内容表达出来。对于短视频博主而言,采取原生广告的宣传样式,也将会无形之中要求自己提升内容质量,同时注重与短视频用户之间的情感交流。

原生广告可涉及的产品内容比较充裕,因此发展空间较好。但是这一宣传样式必须要花费较多的时间来描述产品信息,这便意味着短视频必须要在开头便紧抓用户的眼球,否则获取的效果将是在之后花费数倍的精力也难以追回的,可见这一广告方式对于短视频的内容要求极高。

### (2) 贴片视频广告

贴片广告宣传样式的时间长度大约在15秒,属于自动播放的形式,同时能够与原视频内容进行结合,因此也能充分展示出品牌产品信息。但是也正是由于自动播放功能,用户查看这一广告只能是被动浏览,所以在很大程度上打断了用户的观看体验,如果不是对于特别需要产品的人群来说,这一广告方式还有可能引起用户的反感。

### (3) 开屏视频广告

开屏视频广告与贴片视频广告在本质上相差无几,但是这一宣传样式却不会打断用户的观看体验，因为用户会将这一内容当作是原本内容的前置步骤，因此相较于贴片视频广告来说，只要广告内容比较合适，许多用户都会选择点击开屏视频广告。但开屏视频广告也存在不足，其播放时长仅为6秒。由于这一劣势，品牌广告主往往愿意以动态海报形式来呈现产品信息，以此来获得更高的输出效率。

**(4) 激励视频广告**

激励视频广告简而言之便是通过设置激励机制来引导用户进行操作，查看广告。比如在小程序游戏当中，用户点击查看内嵌的短视频广告，便可以获得游戏货币、工具或者是复活机会。这种宣传样式并不会让用户产生体验不佳的感觉，反而会抱着认真观看的态度来查看产品广告，因此激励视频广告是一种主动性较强、转化率更高的宣传样式。但需要注意的是，激励视频广告的投放渠道并不宽，因此在投放时会有较多限制。除此之外，激励视频广告的收费标准通常情况下是按照点击行为来衡量的。

事实上，短视频广告正在向多样化的形式发展。随着技术的不断更新，众多体验式的短视频广告也在不断推出，比如之视差广告、全景广告、AR/VR广告等，如果品牌能基于短视频将这些体验式广告结合起来，那么短视频广告展现出的多样性将会让广告宣传更有成效。

## 8.2.2 传播话题：产品+当下热点借势营销

传播话题相当于人们进食时的调料，是以品牌传播为目的，通过不同的渠道来在内容、形式等方面进行突破的重要手段。传播话题需要引起用户的注意，并且产生共鸣，从而引发广泛传播。比如百事可乐在春节制作的《把乐带回家》短视频，通常是以故事的形式，展现春节"回家"这一热点，进而展示出品牌理念，触发用户自主转发。

**(1) 定位与选品是借势的第一步**

不是所有的品牌与产品都可以借助短视频进行宣传的，品牌方需要明确知道，产品面对的人群是谁，面对消费者还是供应商，能够打动哪一些群体。因此，明确产品定位，才是品牌借势营销的前提。

举个例子，抖音短视频平台中，八成以上的用户年龄在24岁以下，头部账号的短视频博主以及用户基本都是"95后"甚至是"00后"，这明显不适用于面向供应商的产品。即便产品信息是面向消费者，但是面向的年龄阶段、职业方向等，同样需要与抖音平台的用户群特征相符，重合程度越高，产品的营销效果才能更好。

但也不能一概而论，有些产品的定位受众是中老年群体，比如电热毯、按摩器等，品牌也可以借助节日的热点来进行营销，比如母亲节、父亲节、中秋节等，来刺激年轻用户购买。

在明确产品定位之后，对于产品的选择也是相当重要的。一家品牌下的产品通常不止一种，产品线都会比较长，因此想要在短视频中获得好的传播甚至是打造爆款，这便需要品牌在选择产品时"精打细算"，根据两个标准来进行，如图8-5所示。

图8-5  品牌选择产品的两个标准

在信息量巨大而用户时间碎片化的时代中，品牌想要使产品形成识别力传达到用户脑海中，首先需要足够吸引用户，因此有视觉冲击力的产品是不二之选。品牌需要选择出能够第一时间吸引用户、抢占入口并且给用户留下良好印象的产品，这可以通过色彩、材料、形态以及容量等多方面要素进行选择。当然，前提是品牌必须对基础市场环境进行充分的调查并且有所了解，才有机会能够快速切中命脉。

另外，根据微软加拿大公司提供的数据显示，普通用户的注意力只有12秒，而随着移动端网络的普及，这一数值下降到8秒。在短视频时代中，这一数值可能仅为5秒，这便意味着品牌需要在5秒钟之内迅速将亮点阐述清楚，让用户可以了解到产品能够解决什么痛点，这便要求选择亮点可直指人心的产品。如果没有达到这一标准的产品，建议暂时不用选择短视频营销，而是先将用户需求研究清楚，将亮点提炼出来。

**(2) 借势营销、造势转化**

各大短视频平台每过一段时间都能出现一些热门话题、视频等，品牌将这些热点与产品进行结合，在短视频平台中进行营销，也是不错的方法。比如借势热点在抖音平台上发布短视频，发起挑战，让用户参与其中完成任务，给他们提供一定的奖励。结合热点的同时，品牌可以趁机将产品推出来获得强曝光率，产品也能因此而获得大量关注。如果品牌在短视频中的运营能力有限，也可以与短视频博主形成合作，让其助力传播，尤其是在推陈出新或者产品促销的时候，通过头部账号的造势宣传以及借助热点，很容易形成病毒式传播，进而提升转化率。

需要注意的是，在借势营销时，品牌需要仔细确认并且分析热点事件是否是正面事件，与自己的产品是否存在共性，如果单纯为了噱头而进行营销将会导致反效果。

## 8.2.3　日常话题：保持品牌话题热度的6个常用营销点

日常话题是品牌进行内容营销时必备的要素，就像人们进食的早餐，是不可或缺的一部分。通常情况下，品牌获得热点之后能够产生一定的即时效应，但是如何将话题的热度保持下去，让企业品牌与产品销售能够实现双丰收，也是品牌需要考虑的重点。为了做到这一点，可以借助6个常用的营销点来保持品牌话题活性，如图8-6所示。

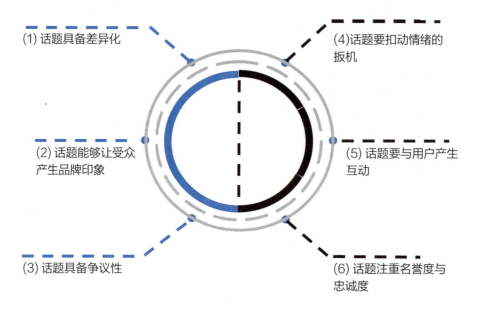

图8-6　保持品牌话题热度的6个常用营销点

**(1) 话题具备差异化**

同一个话题，但是不同的品牌却能产生不同的效果，这主要是由于一些品牌能够将话题与品牌进行结合，从独特的角度切入，产生差异化，因此而获得了关注度。

**(2) 话题能够让受众产生品牌印象**

品牌借助热点进行营销后，虽然能够获得转发量与曝光率，但是热点过后很容易出现用户什么也没记住的现象。究其原因，还是品牌文案是为了热点而制造话题，只能达到一定的阅读量，这种没有围绕品牌核心价值进行传播的话题是难以形成转化率的。

换句话说，用户实际关注的只是热点事件本身，而热点后面的品牌却常常被忽视。因此，为了保持话题热度，必须要经过深思熟虑，让用户对品牌、产品产生印象，才能提高品牌热度。

**(3) 话题具备争议性**

有些品牌营销时，通过选取具有争议性的话题来保证话题热度的居高不下，比如选取一些具备隐私性，同时男女用户都好奇的科普内容等，颠覆用户的认知，让用户在查看视频之后大跌眼镜，能够产生不错的营销效果。

### (4) 话题要扣动情绪的扳机

保持品牌话题热度的最佳办法，还是需要打动用户的情感。公关红人李国威老师曾经表示，"一个好内容的首要技巧，最重要是站在读者感兴趣的角度，与目标读者产生利益与情感的关联"。只有当短视频的内容能够触发用户的情感，用户才有互动与分享的动机，才能让话题得以不断传播。

众所周知，春节买票回家过年是众多游子的一大需求，每年春节时期都会产生大量的相关热点话题。根据这一现象，同程旅游曾经发布过一支短视频广告，以普通用户的角度来描述3个曲折的买票场景，让用户产生情感共鸣的同时，以"润物细无声"的方式来将产品介绍给用户，取得相当不错的话题效果。

### (5) 话题要与用户产生互动

话题的热度不是"自嗨"，而是需要产生话题感。也就是说，品牌通过短视频在表达产品价值的时候，不能只是单向操作，而应该与用户产生交流互动。这便需要品牌充分考虑用户参与感来提升用户参与热情，让用户将品牌当作话题，以此来保证话题的热度。

### (6) 话题注重名誉度与忠诚度

许多品牌产生热点之后获得大量传播与关注，以此来提升知名度，但却由于某些环节上有所欠缺，导致用户感到不被尊重或者产生其他负面情绪，进而引发负面效应，这种情况虽然也是居高不下的话题热度，但却并非品牌想要的效果。

因此，在短视频营销中，品牌在提升知名度的同时，还应该维护名誉度，最终形成品牌忠诚度，这才是让品牌立于不败的有力武器，同时能够保证自身话题的热度。

每个品牌都有自己的核心价值以及延伸价值，而保持话题热度自然是依靠品牌的延伸价值。通过梳理以上6个常用的营销点，品牌的延伸价值往往能够得到充分的展现，从而让短视频营销更具效果。

## 8.2.4 深度互动：
## 感动用户促进下单、提升品牌影响力实用方法

深度互动是指品牌需要策划有深度的话题，让短视频用户也能参与其中，帮助用户对产品或者品牌有更深入的理解，相当于人们进食时的甜品。深度互动能够调节用户的"味蕾"（情绪），让用户感到意犹未尽，进而对品牌延伸出更多的需求。下面我们以招商银行App的案例来讲述品牌是如何通过短视频进行深度互动，进而引发用户共鸣提升转化率的。

"能存钱的银行千篇一律，广告拍得好的银行万里挑一"。这句话说的便是招商银行，招商银行曾经推出的《世界再大，大不过一盘番茄炒蛋》《爱的无解题》等品牌广告一度火爆全网。延续"把所有美好都给你"的品牌理念，跟随"BATTLE""职场"等热点制作而成的职场轻喜剧《职场BATTLE故事》在抖音平台播出后也受到了大量用户的欢迎。《职场BATTLE故事》以诙谐幽默的方式，通过草根化的选角，将当代年轻用户的倍感焦虑的职场场景演绎得轻松搞笑，充分展现出一次有温度的内容营销，开启了创新营销新模式。在这次短视频营销中，招商银行通过以下3个维度进行了一场真实而温暖的营销，如图8-7所示。

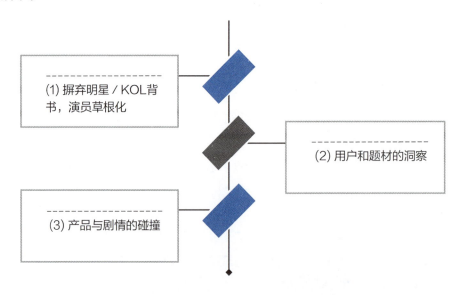

图8-7　招商银行《职场BATTLE故事》系列短视频营销维度

### (1) 摒弃明星/KOL背书,演员草根化

大多数品牌在进行短视频营销时,明星艺人、网红IP等是他们的短视频演员首选,但在《职场BATTLE故事》中则摒弃了这一选择,演员以草根化的形式出现,以平易近人的普通演员来触达用户真实的职场场景。同时,短视频通过职场竞争、自我提升等多个维度作为话题切入点,将职场中年轻人所焦虑的生活细节都进行了充分展示,进而引起用户共鸣。

### (2) 用户和题材的洞察

在《职场BATTLE故事》中展现了理财社区观点分歧、出差过程中二维码支付、为客户预订电影票等多方面的生活场景。而这些场景背后正是由于招商银行App的帮助才得以顺利完成,通过这种方式将产品潜移默化地融入内容中,展现了招商银行App能够在职场进阶、生活痛点中提供帮助,进而充分向用户传达出招商银行App的各个功能点。这一短视频中还表达了招商银行已经不仅局限于纯金融的场景,开始逐步向外拓展到各种生活场景,甚至是深入到用户的生活与工作当中,促进用户黏性的增强。

### (3) 产品与剧情的碰撞

通常情况下,短视频的广告产品都会出现在最后1/5处,以避免影响用户的观看体验。然而在《职场BATTLE故事》系列短视频当中,招商银行将产品巧妙融入故事场景当中,成为推动剧情发展的重要因素,同时也是引导用户关注演员发展以及剧情走向的重要吸引力。不仅如此,广告产品还自然带出了招商银行App在这一次营销中所拟定的主题——"人生没有捷径,但可以有帮手",如图8-8所示。

图8-8 招商银行App短视频营销主题

通过产品来引发用户内心共鸣的深度互动方式，已经是短视频内容营销的大势所趋。许多品牌在进行营销之前，总认为需要用户洞察，原因便是通过洞察来了解用户思维，进而透彻了解用户的需求现状，才能制作出与用户进行精神层面深度互动的内容。因此，短视频营销不一定非要刻意去营造一些氛围，而可以结合产品属性，刻画出用户的现状，进而打动用户，感动用户进行下单，同时提升品牌影响力。

## 8.3 品牌创意短视频营销经典案例解析

短视频营销花费的成本相对较低，并且获得的效果较好，因此各大品牌纷纷通过短视频的形式进行营销。短视频作为视觉营销的方式之一，更符合用户对信息的接受习惯。除此之外，在短视频营销中融入创意，更能让营销获得出乎意料的效果。以下是两个品牌创意短视频营销的经典案例，让我们一起来学习短视频营销的方法。

### 8.3.1 【案例】优衣库轻薄羽绒服创意短视频营销案例分析

优衣库在推出其轻薄羽绒服产品时，一改以往的宣传方式，通过这些年来备受瞩目的短视频来进行营销。优衣库通过制作6则有些"魔性"的时长仅为15秒的短视频，并且每则短视频分别使用闽南话、广东话、东北话、山东话、上海话、四川话这6种方言来唱rap的形式，以此来表达出该产品轻薄、轻松的特质，如图8-9所示。这一系列的短视频中的各地方言与时尚有范的rap形成了趣味落差，吸引不少用户点击查看。

图8-9 优衣库轻薄羽绒服方言rap广告

方言与rap成为短视频中的亮点。事实上,保护方言在近些年来备受争议。随着普通话越来越普及,能够完全准确说出本地方言的年轻人已经越来越少。但方言作为中华民族文化的重要组成部分,其遗失将会导致文化遗憾的产生,因此鼓励年轻人说方言也是一种宣传方式。

优衣库这一款轻薄羽绒服的短视频广告以这一角度作为切入点,给广告本身带上了"人性化"的特质,进而引起更多用户的广泛讨论。优衣库在不同地区播放相应方言的短视频版本,当然也为听不懂方言的用户另外特别准备了一个普通话版本,将"人性化"体现得淋漓尽致。除此之外,rap作为现代年轻人的流行社交方式之一,无疑是优衣库洞察用户需求、迎合年轻用户生活方式的一种体现。

不仅如此,优衣库还在其官方微博中发起投票,让用户选择自己最喜爱的方言版本,邀请用户深度参与到活动当中,如图8-10所示。大多数粉丝基本都会从自身出发,无条件支持自己家乡的方言或者是所喜爱的方言,因此这一活动进一步扩大了用户讨论范围。

**优衣库新视频rap不能停**

结束倒计时:04天06时28分

3640
参与人数

#优衣库新视频rap不能停#你说#轻羽绒#系列rap还没让你嗨够? 这就来见识"开挂版"方言rap! 粤语山东话上海话闽南语四川话东北话,你爱哪一话? 关注优衣库,投票转发并选出你最爱的版本,每天10件#轻羽绒#等你拿! 快点投票啦!

投票选项 最多选6项

| 选项 | 票数 |
|---|---|
| 够靓粤语版 | 846(20.8%) |
| 耿直山东话版 | 538(13.2%) |
| 嗲妹上海话版 | 747(18.4%) |
| 温柔闽南语版 | 499(12.3%) |
| 麻辣四川话版 | 664(16.3%) |
| 霸气东北话版 | 771(19%) |

已投票

图8-10 优衣库发起的官方微博投票

　　曾经对于大多数品牌而言,新品面市时拍一则TVC并且在各大电视台中进行投放,无疑是标准的宣传方式之一。但是TVC的宣传方式显得空洞乏味,难以引发消费者的共鸣。除此之外,品牌还需要投入大量资金让广告进入黄金档期,否则宣传效果将不够明显。而随着社交媒体的迅速发展以及短视频时代的到来,颠覆了以往的营销方式。优衣库这一创意营销短视频既展现出"人性化"的特质,同时接地气的生活场景更能引起用户共鸣。不仅如此,短视频营销的内容相较而言更显社交性,也更容易形成病毒化传播,引发用户自动分享传播。

　　由此可见,短视频营销是品牌越来越以用户为中心的表现,需要关注用户及其生活日常,从生活本身入手,拉近品牌与用户之间的距离,才是短视频营销成功的不二法宝。

## 8.3.2 【案例】淘宝二楼：从植入式营销到定制短视频营销的转变

在传统的视频营销方式中，为某一节目冠名或者是在节目中植入广告是最常见的品牌营销方式。然而随着社交网络的深度发展，短视频平台层出不穷，也因此而延伸出了各类的网红IP，并且开始合作形成独立制作的定制短视频，为品牌定制出最为恰当的营销内容，比如淘宝二楼。

淘宝二楼最开始推出的节目为《一千零一夜》，淘宝不再作为一个单纯的广告投放平台，而是在这一基础上成为内容制作方，为淘宝站内的一些品牌来定制短视频。与传统的广告营销不一样，淘宝二楼的短视频每一期时长大约5分钟，是建立在美食品牌的基础上讲述关于美食的故事，而故事也是为了当期品牌而特意定制出来的。《一千零一夜》推出之后叫好又叫座，这一营销方式被众多广告主所青睐。以第一期短视频内容《一千零一夜之鲅鱼水饺》为例，短视频上线仅2小时，品牌饺子卖掉了近20万只，销量翻了150倍，播放量也在短时间内迅速超过300万，如图8-11所示。

不得不说，淘宝二楼推出的《一千零一夜》定制短视频营销节目是内容营销界的典型案例。这一节目抓准了淘宝用户在晚上10点~12点刷淘宝的行为以及这一行为背后反映的需求，制造"美好的物品能治愈"的主题，通过短视频来呈现出精致的美食，进而引爆了淘宝

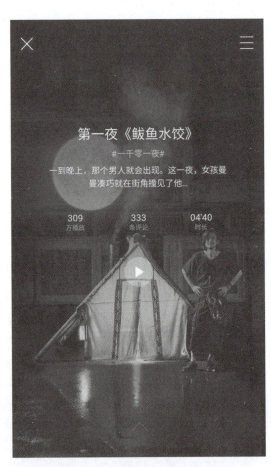

图8-11 淘宝二楼《一千零一夜之鲅鱼水饺》

用户之间的话题营销,并且获得非常好的营销效果。

时隔一年,淘宝二楼推出了第二季节目《夜操场》,不需要进行太多营销,也改变了第一季中香港夜店风的首页,但是获得的收看效果仍然令人惊叹。淘宝二楼第二季第一集《夜操场之逆转钢盔》上线之后,短视频迅速获得了248万的播放量以及440万的访客数,短视频中所提到的产品"×××锅具套装"在推出之后也迅速创造了36倍销量的亮眼成绩。

淘宝在内容营销上一直都走在前列,而此次通过推出定制短视频节目,颠覆了以往的植入式营销,从而让故事性的短视频内容更受用户欢迎,进而提升销售转化率。

# CHAPTER 9

# 不同领域打造爆款短视频账号实操策略

2018年,无论是微博、微信等社交属性的平台,还是抖音、快手等短视频领域的龙头App,都通过高传播率的爆款短视频占领用户时间,打破了原有的App软件基础功能的格局。

不同的领域在打造短视频账号上也各有侧重,没有所谓的模板,只有可以借鉴的账号运营思路。只有适合平台主体、用户喜闻乐见的短视频才能成为爆款。

## 9.1 美食领域短视频3大类型爆款案例分析

美食领域常见的短视频类型有三种：生活美食、美食探店以及创意美食。美食往往通过视觉与味觉吸引消费者，但由于短视频摸不到也闻不到，只能凭借诱人的食物视频以及短视频博主的文案介绍让消费者有想要品尝的欲望。因此在美食领域的短视频摄影与文案格外重要，好的美食视频搭配吸引人的文案，可以使食物更富有吸引力。

### 9.1.1 生活美食："日食记"诗意生活短视频案例分析

"日食记"是姜老刀等四位合作伙伴创办的，由"罐头场"影视制作公司出品的短视频栏目。这个节目最大的特点就是将做菜变成一件富有诗意的事。做的菜很生活化，大部分的菜都是普通人经常吃的，不追求高格调，而是娓娓道来地描述一道菜的烹饪过程。

节目中还有一只叫"酥饼大人"的小白猫。它不时地入镜，以一种背景的姿态，显得自然而得体。

**(1) 一人一猫**

窗外、切好的蔬菜、锅里慢炖着咕咕冒泡的食材，小猫蹲在旁边，熟悉"日食记"的观众都知道这些是视频中出现频率非常高的画面。它有一个非常鲜明的风格——画面清新、格调文艺，即使是重油重辣的重口味饭菜，拍摄出来的画面也是日式的小清新风格，如图9-1所示。

图9-1 "日食记"的清新文艺风格

2013年，"日食记"最早出现在微博上。截至2019年1月，粉丝数量已经超过1700万。豆瓣评分仅次于《舌尖上的中国》第一季，就连视频中的白猫"酥饼大人"在微博上也有500多万粉丝。

"日食记"的短视频主角姜老刀是一个名副其实的视频老手，他毕业于上海财经大学金融专业，一手创立了"罐头场"。"日食记"能一直维持高热度的原因在于，适应了短视频时代的规则，树立起了强烈的个性化标签。视频中的老人满脸胡须，一年四季都穿着衬衫，与可爱的白猫同时出现，充满了宁静、祥和的生活气息。这种强烈的个性化促进了"日食记"的成功。

博主姜老刀曾表示："'日食记'没有固定的内容形式，唯一贯穿每集剧本的固定角色就两个，一个是我，一个是酥饼。人设本身已经带着很强烈的人格化标签了。"白猫"酥饼大人"（图9-2），称得上是视频的点睛之笔，毕竟很少有文艺青年能拒绝猫这种生物的吸引力。

我贪玩回家后,你沉默地摸着我的头。
我才知道,人也害怕不辞而别。

图9-2 "酥饼大人"

#### (2)"日食记"是生活的预期

当然,也会有其他人在"日食记"的短视频中出现,这些角色都尽量地在视频中体现出生活的常态,不露表演的痕迹。在烹饪的过程中,也确实没有什么脚本好表演,酥饼则更为随意,它只是遵从自己的本性,想入镜就入镜,然后随时随地地消失,时而喵喵叫,时而受惊跳走。但有些时候,当酥饼拒绝进入画面时,拍摄人员会故意抓起它扔进去。

这种自然随性的视频风格使得"日食记"不再仅仅是一场美食秀,而是一种诗意的生活方式,虽然短视频的时长只有5～10分钟,但也是一首优美的诗歌。

总有人把"日食记"与《舌尖上的中国》相比较。事实上二者存在很大的不同。《舌尖上的中国》叙事宏大,更像是上帝视角;"日食记"则是让你身临其境,在凌乱的生活中平静下来,找到美的痕迹。《舌尖上的中国》是在四处寻找宝藏,"日食记"是告诉你宝藏就在日常生活中。

姜老刀没有想到自己的观众大多数是与他年龄相差很大的"95后","那些孩子可能不做饭,但是愿意一边吃着外卖,一边看我们的节目。"对于年轻观众而言,观看日食记是为了满足快餐生活中自己对于平凡日常的想象。

对此姜老刀也表达了自己的看法："我是'80后',跟他们还是有一些年龄上的差距的。所以我本来没想过'95后'的观众会喜欢我的作品。但我觉得,他们可能对自己未来的生活都是有一个预期的,就是他想要一个什么样的生活状态他自己会很清楚。而'日食记'表达的那种生活状态,刚好满足了他们那种具象的生活预期。"

当然,"日食记"看似随意的画面与烹饪故事的背后是整个团队的精雕细琢。经过专业的编导,视频中出现的风铃、列车、木质家具等元素构成了"日食记"的独特风格。这种风格带有日式的小清新气息,以一种不引人注目,但引人入胜的生活状态赢得了观众的喜爱。

(3) **故事化延展**

如果我们仔细观察"日食记"的视频,我们会发现它也在寻找新的突破。例如,视频试图通过一些热点来增加内容的丰富性。有一集叫《奢华的茶叶蛋》,表达了一种生活态度:没有便宜的食物,只有便宜的偏见,如图9-3所示。这也与节目本身的调性相符——生活的美丽就在于你对它的态度,即使只是一个普通的茶叶蛋。

图9-3 《奢华的茶叶蛋》

此外,节目的外延也在不断扩大,商业思维也越来越明显。视频开始涉足家居、健身、汽车等生活领域,以高品质的原创内容吸引具有共同生活期待的用户。

姜老刀说："未来将会是一个碎片化的互联网内容时代。我们将带着无法替代的鲜明标识在贫瘠单一的生活短视频领域不断延展和深化。通过食物、家居、身边的人和物，唤起深埋在每个人心底的一丝记忆。如果说无印良品在我们的物质生活中，给人带来的是淡然的温暖。那么我们则会在年轻人的精神领域中，让大家像'罐头场'一样去生活。"

我们总是强调时间的碎片化是一种趋势，但碎片并不意味着不需要高质量的内容，即使是只有5分钟的美食短视频，也可以反映出生活的哲理，指导我们的生活。所以，人格化的角色设定、丰满而富有哲理的故事组成了"日食记"诗意的生活态度以及其他衍生品的风格，促进了日食记短视频向着商业化发展。

## 9.1.2　美食探店："吃货请闭眼"的探店爆红之路

技术的进步催生了互联网时代，人们分享生活、学习技能不再局限于看书或线下的培训课程。内容的载体从图文向视频转变，几分钟甚至几秒钟的短视频横空出世，迅速抢占了消费者的流量市场。

一个简短的视频却包含最新鲜最丰富的信息，一系列的短视频如雨后春笋般涌现……怎么能在众多的短视频博主中脱颖而出呢？

日前，阿里巴巴旗下的同名文娱集团创建了服务平台，专职发布优秀的短视频博主名单——"大鱼榜单"。在"新锐视频榜"中，"吃货请闭眼"榜上有名。大鱼号给它的推荐语为"从创作搞笑视频，转到职场短视频，再到美食类视频，勇于试错，敢于颠覆，只为呈现具有独特魅力的不说谎的美食探店视频"。

2017年6月末，"吃货请闭眼"入驻阿里巴巴的"大鱼号"，定位是美食探店类的短视频，即寻找生活中隐藏于街头巷尾的店铺，或者亲测网红店铺，发现高质量的店铺并推荐给短视频观众。

事实上，"吃货请闭眼"的团队创始人之前是做亲子App的，后来发现视频的形式更加直观可信、受众范围广。创始人看好短视频领域的发展前景，决定转型做短视频账号运营。团队先后尝试了搞笑视频以及职场视频，均以失败告终，在经历了两次失败后，团队将短视频内容锁定于美食。美食探店类的短视频对拍摄设备的要求不高，加上团队中老白的导游背景，"吃货请闭眼"顺势而生。

对"吃货请闭眼"进行深入的了解可以发现其粉丝运营处理得特别好。视频结尾会号召观众转发分享视频。同时，对标题的拟定也很谨慎，会制订多个方案，团队投票选出最佳的方案。以"吃货请闭眼"为发展方向，在短视频制作上有以下建议，如图9-4所示。

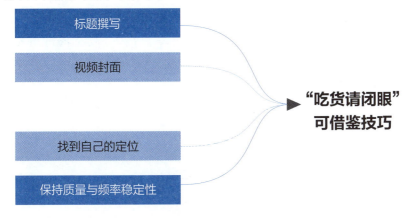

图9-4 "吃货请闭眼"可借鉴技巧

**(1) 标题撰写**

①注意远离敏感词　涉及政治、宗教、国家领土完整、安全、色情等敏感话题以及负面信息的词汇一律不得出现在标题里，不得使用不文明的词语。涉及宗教信仰与民族的词语更是要小心谨慎。

②标题选词原则——高相关性　很多视频的标题常出现关键词的滥用现象。例如，使用其他品牌的名字，使用与视频内容不相关的词，使用不热门词等，这样可能会导致关键词与搜索引擎不匹配，因为关键词与内容不符，视频的跳转率会大大增加，观众的浏览度会减少。为了增加曝光率，把不相关的词作为标题的关键词反而会文不对题，得不偿失。

③千万不要抄别人的标题　对他人标题的抄袭有三种情况：抄袭竞争对手，抄袭高人气标题，以及高度模仿他人标题。希望通过抄袭他人标题获得关注度的做法是愚蠢的，曝光机会将大大减少。谨记视频的标题不是为了给搜索引擎看的，而是为了给观众看，所以用户对标题的阅读体验非常重要，用户看完标题后，要知道视频的内容是什么方面的，明确内容特色。

④撰写有吸引力的标题可以尝试以故事诱人　观众都喜欢听故事，标题具有

故事性，会吸引人眼球。以讲故事的口吻写出标题，对观众更有吸引力，如《万万没想到，我最后还是当了老板》。数字最有冲击力，例如《不能不知道的10个美食类型》之类的标题。新奇性的标题也有很大的吸引力，在标题中使用一些关键字，如最、首度、史无前例等，比如《杨贵妃除了荔枝之外最爱吃的是它》。

还有很多设置标题的方法，如对比、引用、励志等。也可以结合流行元素，借流行词，比如2018年的"skr""c位出道"等。在标题中使用流行词，会在一定程度上吸引更多的关注。

### (2) 视频封面

"吃货请闭眼"的视频封面用的都是视频中的画面，可以选择一些精美或搞笑、有冲击力的画面来作视频的封面。封面的画质要尽可能清晰，满足观众的视觉体验，如图9-5所示。

图9-5 "吃货请闭眼"视频封面

### (3) 找到自己的定位

"吃货请闭眼"经历了两次试错，才找到自己的定位，短视频运营切忌一条路走到黑，觉得不适合，马上换一条路。做好视频内容的定位，找到目标用户的需求，然后找到相应的一个或几个人格化关键词，如可爱、毒舌、理性、"逗B"等，围绕着这些关键词，在与粉丝的互动中逐步构建自己的人格化形象。不要仅仅把短视频看成一个盈利的工具，而是当成可以与自己的粉丝进行情感交流的媒介。

#### (4) 保持质量与频率稳定性

想要维持稳定的质量，运营者必须从视频的内容、日常互动以及推送频率的稳定性上下功夫。推送频率不稳定会导致期待感降低，观众的期待状态从"期待明天的价值"到"期待不知道哪一天的价值"，期望的减少会导致粉丝数量的减少和视频打开率的下降，还会给竞争者制造机会，如果竞争者每天都高频更新，而你的短视频账号更新毫无频率可言，就是在为竞争者创造机会，观众开始流向竞争对手。

在互联网短视频的生态系统中，大多数观众关注的都是第一批次的账号，即越火爆的短视频账号吸引到的观众就越多。如果观众首先注意到竞争对手，而你的更新频率不如竞争对手，那么你基本上不会有获得观众注意力的机会。

综合来看，优秀的短视频博主都有稳定的更新频率和更新时间，但是由于视频定位和受众都不同，推送的频率可能也会发生变化，要学会根据每个视频的实际内容进行选择。例如，搞笑类的短视频可以发布频率高一些，做菜类的短视频可以在每周的固定时间发布。

### 9.1.3 非寻常路美食：主打创意化美食的"办公室小野"案例分析

"办公室小野"绝对是走非寻常美食路线的短视频博主。她用一种贝爷般的生存技巧，把办公室变成了一个天然的厨房。她的短视频在微博、Facebook与YouTube上传播甚广，吸引了一大批观众。

#### (1) 新型职场人

穿拖鞋和家居服、在办公室养猫已经让很多上班族羡慕不已，但与在办公室里做火锅、烤肉串、烤馒头、养猪相比还不足为奇。

谈到在办公室烹饪，小野和她的团队认为这算不得什么大事："我们公司（洋葱视频）本来就是个创意公司，氛围很轻松，所以我们经常做一些稀奇古怪的事，比如加班到深夜的时候在办公室讲鬼故事之类。所以，在办公室烹饪也不算什么。"

但小野对自己的走红也略感意外，她在一次采访中表示："刚开始纯粹是为了好玩，自己吃。后来发现社交网络上很多关于美食的视频节目都是一本正经地教你做菜，觉得太无趣了，干脆就把视频录下来传到网上，没想到就突然火了。"

洋葱视频的创始人聂阳德在某杂志的采访中说："'办公室小野'完全是无心插柳，刚开始的时候，视频是由小野与另外一个同事两个人配合，用iPhone 7拍摄，比如《熨斗烫羊肉》《饮水机煮火锅》。后来才是团队的策划。"

作为视频的主角，小野成了观众们探究的焦点，在短视频中动手能力极强的小野究竟是如何练就的一身烹饪本领？

事实上，小野是一名影视编导，但是因为她喜欢做饭，而且会做饭，所以与同事合作拍摄了几集短视频。对于短视频账号的定位，小野很明确，不是教观众如何烹饪，只是想向观众们展示一种乐活的生活态度。

### (2) 反差引爆流量

为什么小野的短视频如此受观众欢迎？这与我国当前的社会背景是分不开的。首先，大多数的企业文化倡导KPI（Key Performance Indicator，关键绩效指标），这种文化下白领们每天都筋疲力尽。小野的短视频营造了一个"乌托邦"式的场景，给办公室这一严肃的场所带来了颠覆性的意义。同时，营造了大学生观众对上班生活的憧憬。总之，小野做了很多人们想做但不能做的事情，所以她成了观众们的偶像。

其次，我国大多数的"95后"和"00后"在成长过程中没有遇到过温饱问题。对于工作，在薪酬之外，他们更强调自我价值的实现，小野短视频中关于自我的表达能够打动他们。

洋葱视频的创始人聂阳德表示，小野短视频的推广成本几乎为零，《饮水机煮火锅》（图9-6）时期，整个网络的播放量应该接近1亿，这段时间也为团队带来了新的想法。

图9-6 小野短视频《饮水机煮火锅》

饮水机是办公场所中常见的东西，上班族每天都会与饮水机打交道。一个熟悉的东西突然扩展出了自身功能之外的妙用，会产生强烈的对比，引起观众的注意。还有就是"火锅"出现在办公室也是一个巨大的反差，任何看到这期短视频的观众都会告诉他们的同事，有一个短视频播主居然在办公室里用饮水机煮火锅。这种创意会像病毒一样传播开来。

### (3) 2.0时代：精细化、差异化

当滤镜、文艺风格的文案成美食短视频的标配，小野团队另辟蹊径，颠覆了所有人对美食类短视频的认知。

根据2016年《企鹅媒体平台视频自媒体研究报告（美食篇）》显示，美食视频已经成为短视频行业的典型代表之一。其中，烹饪教学是主流，评价和推荐类逐渐增多。面对已经足够"垂直"的美食视频，小野团队进一步细化为"办公室美食视频"这一反差强烈的场景，成为"办公室小野"突破美食视频重围的武器。

对于烹饪视频来说，小野的办公室场景有利于视频的传播，容易形成话题。但同时，场景的固定也容易成为视频创作的局限。为了解决这一问题，小野团队建立了"大脑云数据库"，即一个多人协作的"表格"，每个同事每天都要填写新的创意点。目前已经积累起成千上万的创意点。

从小野和另一位同事的试水,到团队合作,"办公室小野"越来越成熟,发布时间也越来越规律,团队内部分工细致。未来,团队想建立起一个用户参与的平台,让粉丝们贡献自己的创意。

没有旁白也是小野视频的一个特点。美食是一种世界性的语言,小野的视频从头到尾没有对话和叙事,所以可以跨越文化、语言的传播障碍,使全世界的网民都能注意到短视频。这可能是小野在Facebook等外国社交网站上获得粉丝的原因之一。

洋葱视频正在策划将"办公室小野"打造成漫威一样的英雄世界,除了小野,还有一些其他的角色出现,如老板、程序员等,甚至加入剧情,展现员工和老板之间的"斗争"。

"办公室小野"的美食视频在未来将是一个巨大而复杂的命题,甚至会进军影视行业,进而改变短视频产业。

## 9.2 充满流量红利的三农领域如何打造爆款账号

三农即农民、农村、农业,随着渠道下沉作用的影响,三农领域充满了流量红利。2018年5月31日,当电商们为即将开始的"6·18"大战投入大量资金做宣传时,账号名为"我是马小坏"的视频博主已经在庆祝胜利,凭借短视频"马小坏"在4个小时之内卖光了1000斤玉米,三农短视频的影响力由此可见一斑。

### 9.2.1 渠道下沉带来流量红利的三农短视频

2018年5月10日,第三届中国网络视频学院奖——金蜘蛛奖揭晓,一下科技高级副总裁张剑锋在颁奖典礼上就短视频行业的现状以及未来趋势做了深入的分析。

短视频产业目前正处于爆发式增长时期,以"竞速"(时间、速度上的竞争)与"下半场"(巨头企业进入市场,淘汰小企业)为特征。

张剑锋认为,未来几年,我国的短视频行业仍然处于风口,市场规模增长幅度大。根据QuestMobile(贵士移动)发布的数据,短视频领域的第一个营地已经从1个增加到4个。再加上排行榜的变化,整个行业的前景充满变数,加上渠道的下沉,农村用户群已经成为各大短视频平台试图抢夺的对象。

最近，越来越多的年轻人决定回到农村老家做自媒体运营，拍摄与三农相关的视频短片，如抓螃蟹、摘野果、野外烧烤、烹饪农家菜、做农活等。看似粗糙，没什么特别的，但视频点击量却非常高，原因到底是什么？

不仅在我国出现了短视频"土味"当道的情况，YouTube上也是如此。一个澳大利亚的视频博主自制了一档节目名为《Primitive Technology》（《原始的技术》）。视频主角身着短裤，不说话，以木头、石头、泥为工具建造房屋等（图9-7），获得了观众的追捧。很多人追逐潮流也开通了类似的短视频账号，他们的主要特征是光着上身，穿着短裤，不说话。

图9-7 《原始的技术》节目中建造的圆顶茅屋

中国的乡村也出现了一批与三农相关的短视频博主，展示真正的新农村生活。我国的农村绝对不是脏乱差的污浊之地，也不是一些直播平台上衣着暴露的女人在田里插秧的荒诞模样。

即使是城里人，往上数三代农民也占了大多数，年轻一代的"90后"对乡村生活也并不陌生，在寒暑假期间，经常会回归农村，探望老人。大多数的中国人对乡村生活有着深厚的感情和情怀，所以快手短视频因为三农视频众多而获得了众人的追捧。但有些短视频账号发布的内容未免有哗众取宠之嫌，不能代表农村的真实生活和农民的审美。

与美女主播不同,三农视频内容非常简单,没有滤镜,博主也不是很健谈,忠实地记录乡村生活动人的一面,反映真正的中国乡村的风土人情。

比如,一个粉丝众多、账户名为"巧妇9妹"的三农主播。如果观众也有在农村生活过的经验,那么看一眼她的视频就会被那种纯粹的乡村气息所吸引,甚至可以勾起观众对乡村生活的向往。

在城市工作和生活的压力太大了,很多时候城里人都梦想着可以回到农村,摆脱那些混乱的人际关系、劳神的脑力工作,过一种宁静而悠闲的乡村生活,日出而作,日落而息,但这种愿望显然不可能轻易地实现。但是每当他们观看这些三农短视频的时候,就可以暂时摆脱城市工作带来的巨大压力,在视频中放松一下自己。

随着渠道的下沉,农村的网络技术也越来越发达,三农视频的博主数量逐渐增加,拍摄内容也越来越有创意。正因为有了这些内容,三农视频才有了一个巨大的流量市场。三农视频老少咸宜,三代人可以坐在一起观看,唤起对乡村生活的回味。

## 9.2.2 【案例】年入上百万"我是张大勇""我是小熙"爆款案例分析

提起三农视频,"我是张大勇"与"我是小熙"都是该领域的佼佼者。"我叫张大勇"是今日头条签约的短视频博主,视频的内容都是关于乡村生活的。除了今日头条,其短视频还在西瓜视频、哔哩哔哩等主流渠道上播放。

"我是小熙"同样是一名知名的短视频博主,2016年开始运营自己的短视频账号,短视频内容同样侧重于展示乡村生活。

2018年,"我是张大勇"与"我是小熙"年收入跨进了百万大关,这对于大多数农民而言是一个可望而不可即的数字。他们凭借什么获得了如此高的收入?下面将为大家深入解析爆款背后的成因,如图9-8所示。

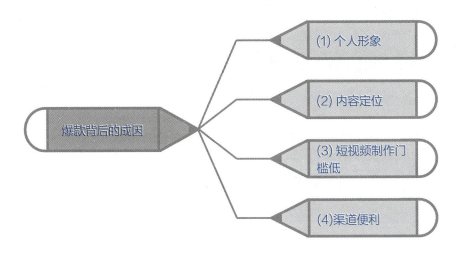

图9-8 爆款三农视频账号背后的成因

**(1) 个人形象**

张大勇与小熙都是憨厚淳朴的农村汉子,二人都是长相平凡,甚至有些大众脸的形象,性格幽默。这样的个人形象,观众不会有排斥的感觉,愿意去了解他们的日常生活。此外,他们的生活场景贴近观众的生活,拉进了与观众之间的距离,同时可以从短视频中学到东西,这样的视频对观众更有吸引力。

**(2) 内容定位**

说到自媒体,人们首先想到的是娱乐、竞技等大类。说到自媒体人,首先想到的则是咪蒙、新世相等微信公众号,他们大多数都有媒体的从业经验,定居在大城市,为城市用户制作内容。以张大勇、小熙为代表的农村自媒体人的崛起,将市场放在了三四线城市以及广大农村。

**(3) 短视频制作门槛低**

随着互联网技术的发展,生产、传播、消费等成本和门槛进一步降低,更多资源较少的农村民众可以通过自媒体进行自我价值的实现。

在制作过程中，无论是对硬件设备还是制作人员的专业技能的要求都不高，利用自身积累的搞笑视频观看经验，只要有一部手机就可以进行短视频的拍摄。在电子设备普及之前，视频制作行业的资金与技术门槛都是非常高的，需要专业的课程培训。如今，出现了大量易于使用的编辑软件，创作者很快就可以熟练掌握拍摄、剪辑的技能。

### (4) 渠道便利

以今日头条为代表的推荐平台，使得三农视频在渠道层面上传播得越来越广。三农视频属于内容消费，是比物质需求更高层次的精神需求。电子设备的价格下降使农村用户拥有短视频接收设备，能够利用零碎的时间来浏览信息。9亿农村人口已经发展成为一个巨大的内容消费市场。

在大量农民进城打工的背景下，展示农村生活的短片可以寄托农民工对家乡的思念。对于城市用户来说，三农视频反映的内容与城市生活的反差可以满足他们的好奇心。"我是张大勇""我是小熙"的出现是自媒体行业对这一内容的补充，填补了这一消费群体的市场空白。

张大勇在成为短视频博主前从事建筑工作，小熙也是一个普普通通的农村人，他们的视频虽然制作没那么精致，但粉丝绝对忠诚。

不仅是张大勇与小熙，还有很多三农视频的创作者都在通过自己的短视频为农村发声，为农村的变化做出贡献，通过短视频创造社会价值，实现自我价值。

拉扎斯菲尔德曾提出大众传媒的三大功能。第一个功能就是"社会地位赋予功能"，即事件或人物，只要受到大众传媒的关注，就会得到社会的关注。在纸媒时代，大众媒体被专业媒体机构垄断，它们只塑造名人，普通人只能仰望名人；而新媒体时代，每个人都有可能像张大勇与小熙一样成为名人，实现自己的人生价值。

# 9.3 影视剧解说短视频爆款IP打造策略

根据TrustData（信诺数据）公布的《2018年短视频行业发展简析》，截至2018年4月，短视频领域的活跃用户已经达到了3.6亿，短视频领域的行业竞争愈发激烈，关于影视剧解说的短视频账号越来越多，甚至成为影视剧宣传推广的途径之一。

## 9.3.1 吐槽恶搞＋经典诠释＝爆款

2017年被业内人士称之为短视频元年，到了2018年，短视频的风一直在吹，沉迷于短视频的观众蓦然之间发现自己的时间仿佛被偷走了。

当影视作品、综艺节目、网络游戏、直播……在大规模收割观众的时间时，自媒体人开始探索节省观众时间的方法，影视剧解说应运而生，影视剧解说将长达几个小时的电影甚至是80多集的电视连续剧浓缩到十几分钟的短视频里，方便了想看剧而没有时间的观众，成为短视频领域的热门内容。

第42期《中国互联网发展统计报告》显示，2018年，我国的短期视频App在数量上猛增。截至2018年6月，各类短视频App累积用户达到5.94亿，远远超过了网民总数的半壁江山，达到74.1%。从短视频诞生开始，就与影视剧有着千丝万缕的联系。

### (1) 早期的"借壳"玩法

2015年，papi酱成为短视频领域的网红第一人。再往前看，有小影App与小咖秀，那时候短视频的概念尚未出现，但吐槽恶搞的风格已然获得了观众的认可。

papi酱以后，短视频人格化的风潮骤现，吐槽＋恶搞的风格也得以承袭，短视频走向了UGC崛起的大众层面。

互联网的信息碎片化加速了短视频领域的前进步伐。影视剧解说类的短视频时长越来越短，但节奏却越来越快。而传统内容，如纪录片，很少有短视频博主进行解说，仍处于"圈地自萌"的状态。这是因为影视作品在讲故事，方便短视频博主们提炼主要情节对故事进行复述，为观众呈现了影视剧的观赏性和思想，节省了观众的时间，赢得了人们的喜爱，也有可能以影视剧为原型，从全新的角度进行创作。

视频短片与影视作品早已相互关联。影视剧像是一个素材库，为短视频博主提供灵感。如小咖秀，就是以配音的形式将短视频与影视剧关联起来；广为人知的"胥渡吧"短视频，也是以影视剧为基础，通过重新配音，塑造一个完全不同的有趣的故事，但视频的风格仍以恶搞为主。

### (2) 互相借力

短视频的崛起并非偶然。较低的进入门槛催生了许多粉丝众多的短视频博主，他们为平台不断输送新鲜血液。

吐槽恶搞＋经典诠释的影视剧解说短视频可以直接击中观众笑点，引起共鸣，让用户自发传播。快速、有趣、易于传播是短视频区别于影视剧的优势。凭借这一优势，不少影视剧将短视频看作一种宣传手段，比如《延禧攻略》的短视频，虽然只是简单地剪辑了情节，但仍然收获了良好的营销效果。

但显而易见的是，短视频的造星能力无法与影视作品相比。短视频及其背后的互联网生态，与影视剧互相借力，造就了如今的影视剧解说爆款格局。

### (3) 吐槽恶搞＋经典诠释的短视频运营之道

1) 内容定位

"踩烂片，捧好片"，以sir电影为例，他们认为"商业片不可耻，烂片才可耻"。影评就应该干掉烂片，只说真话，摸准粉丝需求痛点，从3个角度来满足用户的需求。

①获得资讯信息　比如新片上映时间。促进大众审美升级，不遗余力地推荐好片，促进优质过长电影的票房增长。

②线上资源分享　解决了粉丝看什么、在哪儿看的问题。

③输出价值观　用最接地气的方式探讨电影传递的价值观念问题。

2) 内容运营

口语化的解说词更能拉近与粉丝之间的距离，保持高质量、固定频率的视频更新。

3) 建立完整的服务链条，多平台布局

仍然以sir电影为例，其视频播放渠道除微信公众号外，还有自己的线上App，打造"影迷第一入口"制作视频，多平台分发，打造影响力。尝试观影众筹，深入产业上下游，拓宽商业空间。

4) 变现

主要变现方式是视频中的广告，通过广告变现三个月可以实现上百万的营收。广告集中在汽车、数码等行业，如凯迪拉克、平安保险等。变现是检验一个短视频账号是否成功的标志之一。爆款短视频账号不仅可以实现更高的营收，从时间维度看还可以拥有更长的生命周期。

## 9.3.2　【案例】"阅后即瞎"成为粉丝观影重要参考背后的创作套路

哔哩哔哩的平台上有许多杰出的电影解说up主（上传视频、音频文件的人），每个人都有自己的风格。其中，"阅后即瞎"与众不同，与其他up主推荐最新电影，引导观众规避烂片的主流方向不同，"阅后即瞎"专注于用另类的方式来诠释外国经典，吸引观众。

"阅后即瞎"是一男一女两名主持人以新闻的形式讲解电影内容，虽然偶尔会有代理主持进行替换，但"阅后即瞎"的神配音与言语上的幽默不变，如图9-9所示。

图9-9 "阅后即瞎"

起初,"阅后即瞎"选择了欧美电影、日韩电影以及国内的热点电影进行讲解,并在这个过程中,寻找最为适合自己的内容定位。然而发现电影推荐的短视频博主同质化过于严重,"阅后即瞎"决定另辟新路,选择去解说那些不那么受欢迎的经典电影,对故事进行再创造,最后呈现出来的意思甚至可以与原版电影表达的完全相反。但是,让"阅后即瞎"成为粉丝观影重要参考的原因还是其风格鲜明的文案。

"阅后即瞎"的创始人曾表示其文案撰写之所以能如此出色,依靠的还是广告文案的基本功。最初的视频文案,几乎是照搬新闻,平面设计遵守流行审美规律。

"阅后即瞎"文案的厉害之处在于语感,即自己的语言风格。大多数的视频博主由于人设的塑造或个人能力的限制,语感只有一种,而"阅后即瞎"成功做到了跨语感,应用了大量的网络段子、诗词歌赋,从王家卫的风格到鲁迅的犀利笔锋都融入短视频之中,使短视频的梗密集地呈现。

想要复制"阅后即瞎"的文案套路,必须从自身文案素养的提高开始,具体而言可以训练自己以下几个方面的能力,如图9-10所示。

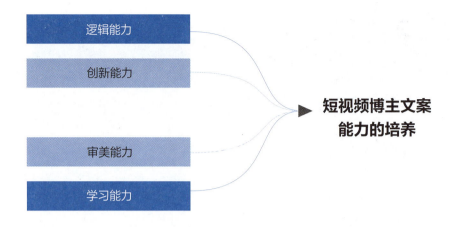

图9-10　短视频博主文案能力的培养

### (1) 逻辑能力

逻辑能力是编写内容最基础的能力。广告教皇David MacKenzie Ogilvy（大卫·奥格威）在Confessions of an Advertising Man（《一个广告人的自白》）中说过这样一句话："消费者不是傻瓜，消费者就好比是你的妻子，如果你以为仅凭口号和煽情的形容词就能说服她购买东西，那你是在侮辱她的智商。"好的短视频文案背后，也需要严密的逻辑来吸引观众。

文案要逻辑清晰，言语流畅，运用金字塔或倒金字塔式的结构规划谋篇，内容层层递进，重点突出。

### (2) 创新能力

好的创意能让文案深入人心，引起观众的注意。现在，99%的网络流行词其实都来自新媒体小编，新媒体人的创造力产生了像"局部气候"那样拥有众多追随者的公众号。

创造性是一种天赋，但也可以通过后天的实践来练就。如果短视频博主仅仅依靠灵感，不可能每次短视频都成为热点，所以要通过训练提升创新力。

例如每天收集市场上的优秀文案案例，阅读大量书籍，发现自己的不足，养成随时随地记录创新想法的好习惯，并整理到自己的素材库中。

### (3) 审美能力

很多时候看短视频博主的审美能力，就能判断出其短视频文案创作水平的高低。文案创作要求以观众的审美为导向，体现出视频内容在审美上的感染力。此外短视频往往会搭配字幕，这就要求短视频的剪辑人员在视频的画面布局上符合大众审美。

Gregg Berryman（格雷格·贝里曼）的格式塔理论可以帮助短视频博主建立正确的审美。格式塔理论将人类组织视觉体验的方式理论化。现在的很多设计师使用格式塔理论作为更有效的视觉传达框架，在文案的字体、颜色、距离等方面规划画面的整体布局。

### (4) 学习能力

学习能力无须再赘述，就是短视频博主在短时间内对市场、观众、广告商需求的了解能力，以及学习文案写作的能力，可以通过阅读书籍、请教前辈，或亲身实践，提升自己的短视频运营能力。要想走得更长远，学习能力是短视频博主必须具备的。像"阅后即瞎"的优秀文案范本，值得短视频博主们反复观看，揣摩学习。

## 9.4 拆箱短视频爆款打造要领

随着自媒体数量的增加，各大自媒体平台竞争生态的加剧，"原创"二字变得越来越重要，只会模仿的自媒体账号注定要被淘汰，所以建议自媒体人着力打造原创短片。与文章相比，视频更容易被注意到，对原创作品的保护也比较强。很多人都打算制作原创的短片，但找不到原创的方法，或者只是说不知道该怎么做。其实，拆箱视频就是一个很好的可模仿的原创短视频类型。

### 9.4.1 新产品与不常见产品开箱评测最有传播度

2018年9月13日，在苹果的秋季新品发布会上发布了一系列新产品。随后的一段时间，很多短视频平台都兴起了苹果新产品评估和拆箱的短视频。这类开箱评测的视频意料之外地总能实现高播放量，引起观众的注意。

事实上，开箱评测视频的产品涵盖范围非常广，从电子产品到母婴食品，从奢侈品到淘宝或义乌的小商品，各种各样的产品都可以成为开箱评测的对象。

为什么人们喜欢看拆箱评测的视频？甚至看起来没有什么用处，自己不会购买的产品也看得津津有味。《大西洋月刊》的编辑Annabelle Timsit（安娜贝尔·蒂姆西特）分析了观众痴迷于开箱评测视频的原因。

以玩具类的开箱测评为例，孩子们喜欢玩玩具，也喜欢看其他孩子玩，这就是玩具类开箱评测受小孩子欢迎的原因。2018年，Ryan Toys Review（瑞安玩具评测）与FunToys Collector Disney ToysReview（玩具收藏家迪士尼玩具评测），荣登观看次数最多的10个YouTube频道的榜单，总浏览量已达386亿次，如图9-11所示。

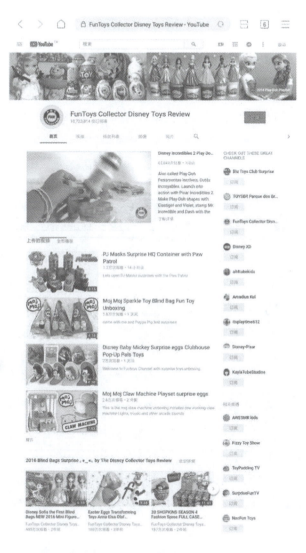

图9-11　YouTube频道上的玩具收藏家迪士尼玩具评测

虽然玩具评测的播放量最多，但开箱评测并不仅仅是为那些喜欢玩具的孩子准备的。从服装包裹，再到展示高科技的产品，各种各样的开箱评测应有尽有。如图9-12所示的国内视频网站bilibili上的开箱评测视频所示，只要是市面上能买到的产品，都可以用来做开箱评测的视频。

图9-12　bilibili上的开箱评测视频

据《华尔街日报》的报道，21世纪初，Unbox it（拆箱）等网站第一次出现了拆箱评测。视频内容主要围绕最新的电子产品，所以这些视频也被称之为geek porn，即极客（智力超群，善于钻研但不懂与人交往的人）的色情片。

开箱评测视频为什么如此吸引观众？人们的观点有一些不同。Molly Rubin（莫莉·鲁宾）在Quartz（石英）网站上表达了对拆箱视频高吸引力的观点：
"这可能关于幻想，厌倦广告的消费者在寻求诚实。它满足观众对刺激的渴望，对电子商务的需求，或者仅仅是为了追求打开新产品的乐趣。"

专业的心理学家也对拆箱视频做过深入的分析并表示，拆箱视频的吸引力很大程度上与从包装中拿出新产品的过程中获得的刺激有关。由此可见，新产品与不常见的产品对观众的吸引力最大。

## 9.4.2 【案例】ZEALER科技产品开箱评测短视频生产流程

2016年被国人称为直播年，到了2017年短视频成为当之无愧的新宠，直播的热度已经逐渐消退。在信息碎片化的年代，短视频凭借社交、信息获取、娱乐、阅读的多功能组合，比直播具有更显著的优势。

2017年5月，ZEALER（载乐网络科技）宣布升级为"科技生活方式第一平台"，同时宣布了多渠道网络战略"ZEALER X"，在平台上汇聚优质的视频内容，并将内容定位于泛科技领域，如图9-13所示。

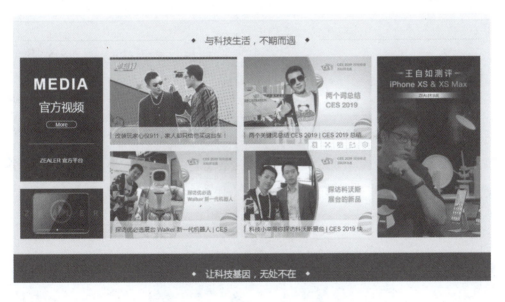

图9-13　ZEALER平台上的科技类短视频

近两年来，短视频持续加温。今日头条旗下的火山视频宣布斥10亿巨资于短视频，百度、阿里也在迎头赶上，微博、秒拍也继续加大在短视频上的投入力度，短视频行业已经成为大企业之间的竞争游戏。但是，ZEALER的创始人王自如认为短视频行业还有足够大的发展空间，可以在垂直领域进行进一步的细化。泛技术科技领域就是一个很好的切入点。现在的ZEALER已经扩展了自己的品类。视频内容覆盖了智能家居、汽车、游戏和其他与科技有关的生活方式。

ZEALER通过投资、签约、入驻平台的模式，与短视频的创作者合作，负责视频的输出，但合作的深度有所不同。以Unbox Therapy（开箱评测）为例，ZEALER负责Unbox Therapy在中国的版权与运营以及商业化的变现，这是ZEALER与其他短视频平台展开合作的常用模板。

Unbox Therapy作为全球最大的科技类开箱评测短视频网站，在YouTube上拥有超过800万的粉丝，视频播放量超过13亿次。即使是在中国也拥有非常多的视频爱好者，但由于现阶段盗版现象比较严重，他们的视频缺乏正规的播放渠道，这是他们与ZEALER迅速合作的重要原因之一。

从ZEALER与Unbox Therapy的合作以小观大，我们可以获悉ZEALER科技产品开箱评测的短视频生产流程，如图9-14所示。

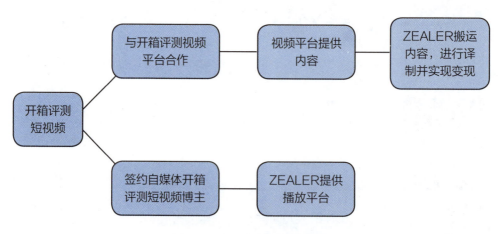

图9-14　ZEALER科技产品开箱评测的短视频生产流程

王自如表示，未来我国的观众将能够在国内的视频平台，如优酷、腾讯、爱奇艺上观看带有中文字幕的开箱评测视频。

ZEALER与Unbox Therapy的合作只是引进海外短视频的一个开始，更多的接洽工作正在进行中。

# CHAPTER 10

## 短视频营销的未来发展趋势

短视频经过这两年的发展,目前已经形成燎原之势,如今在国内外都依然处于风口,在各个方面都保持着快速并且稳定的发展势头。智能手机的普及以及移动网络的提升,让短视频发展获得了良好的技术基础,短视频的商业变现价值也越来越高,在未来的发展当中搭配电商在垂直领域进行深耕,将能获得更好的发展。

## 10.1 短视频红人电商仍有巨大机会

短视频作为占领手机用户的主要内容载体之一，其体现的形式灵活便捷，使用场景直观呈现，让产品植入变得更加自然。而众多电商平台也敏锐地意识到了这一点，不断开发相关功能以期抓住短视频带来的增长红利。

### 10.1.1 当下短视频平台纷纷上线店铺功能

社交媒体开通购物跳转已经是常见的发展趋势，而随着短视频的风靡，当下的短视频平台也纷纷上线店铺功能，为用户提供更好的购物体验。在国外，Instagram、Snapchat以及Facebook等平台早已尝试过通过博主来促进商品销售，并且获得不错的成效。

与图文形式相比，短视频在展示商品上更具优势，能够有效提升购买转化率。淘宝平台曾经通过调查分析表示，短视频对于商品销售来说，至少能够提高20%的转化率。淘宝总裁蒋凡也表示，在未来的发展中，淘宝极有可能会通过短视频的形式来承载90%的内容。短视频对于电商平台的意义不仅是商品展示方式，同时还是电商孵化新的购物场景的重要路径。因此，各大短视频平台都纷纷与电商平台合作，上线了属于自己的店铺功能。

### (1) 美拍推出边看边买功能，满足用户购物需求。

2017年5月31日美拍三周年生日会上，美拍率先推出"边看边买"以及"M计划"。对此，美拍的副总裁陈白表示："这是为了更好地满足用户看美拍时的购物需求，以及帮助美拍达人更好地实现内容变现而推出的两大功能。"

在生日会现场，陈白展示了用户通过"边看边买"购买产品的多种方式（图10-1）。而在短视频领域中，这一购买方式是短视频博主在视频描述中加上产品链接，点击后将会直接跳到淘宝平台中。这一功能的灵感主要源于用户在美拍查看短视频时，除了内容本身，还会对短视频博主的服装、饰品等内容产生兴趣，并且私信给短视频博主进行询问。为了满足用户的购物需求，美拍便推出了这一功能。

图10-1　美拍推出的"边看边买"功能

美拍是国内首家上线店铺功能的短视频平台，"边看边买"能够将内容与商品完美地结合，在用户能够获得更好的观看体验的同时，也不会错过商品的信息。商品链接不仅会显示在短视频下方，还可以被短视频博主添加到视频中。当视频中出现商品时，相对应的商品标签也会随之出现，用户便可以直接点击进行购买，而短视频却不会因此而中断，用户的观看体验并不会受到影响。

### (2) 抖音正式开放全平台账号的购物车功能申请

2018年12月11日，抖音正式开放了"购物车"功能申请，如图10-2所示。只要是通过实名认证的、发布视频大于10个并且粉丝量达到8000以上的账号都可以申请开通这一功能。这一功能是针对全平台而发布的，早在内测期间，已经有超过6万的IP账号、企业蓝V账号开通了这一功能。

根据抖音官方提供的数据显示，2018年"双11"期间，一个开通抖音购物车分享功能的账号的最佳纪录是1天售出10万件商品，转化销售额超过2亿，订单增长率达到1000%。

抖音平台已经成为大多数中小商家心中的最佳营销平台。一位MCN负责人表示，小红书以及微博的受众主要以女性为主，但抖音与之不同，受众十分普遍，因此500元以下的新奇特商品更适合在这一平台中进行营销。

如今抖音购物车功能的开放，相当于给众多短视频博主提供了变现的计划。无论账号粉丝多少，只要能有一个展示的窗口，博主便有机会获得佣金，这无疑在很大程度上降低了变现门槛。

除此之外，抖音平台已经与阿里妈妈平台打通了相关数据，只要是淘宝客内的商品，

图10-2　抖音购物车分享功能

抖音博主都可以自行添加，而佣金也是自己来定。为了方便博主挑选优质商品，抖音成立了精选联盟，让博主可以在抖音内部挑选商品，也可以直接在平台中了解佣金收益信息。

但需要注意的是，凡是出现购物的平台便一定会产生垃圾信息。微信在2018年大规模封杀淘宝客，这些淘宝客极有可能转移到抖音平台中，通过搬运内容并且买粉等不正当行为来成为有影响力的账号博主。长此以往，用户体验遭到破坏，将会对抖音平台造成负面影响。

### (3) 快手电商推新版"快手小店"

2018年12月20日，快手在北京推出升级版"快手小店"，并且选择了"新国

货、新农商、新公益、新娱乐、新匠人、新课堂"这6点作为发展方向。

快手创始人程一笑认为："作为一款日活1.5亿的国民级短视频App，每天快手上与交易需求相关的评论超过190万条，大家天然就有对商业信息的了解和进行商业交易的需求。"正是由于如此大的需求，快手推出升级改良的店铺功能来为用户提供更好的消费体验，因此程一笑表示："快手做电商最大的动力，就是帮助快手社区里的用户和商品，以更高的效率和更好的效果连接在一起，借助内容+社交，为快手用户打造温暖的购物体验。"

早在乌镇互联网大会上，快手CEO宿华便已经表示过："短视频在很多品类的商品里有很强的表现力，用户能真真切切地看到好吃、好喝、好玩的东西，会更大程度激发大家的购买欲望。我对这个方向抱有很大的信心。"而快手的战绩也不负众望，在2018年的"双11""双12"活动中订单数都超过了千万，在交易高峰期的成交额甚至以亿为单位进行计算。其中快手主播"散打哥"在"双11"期间创造了单日销售纪录，销售额超过1.6亿。在这两个月中，快手帮助数十万卖家达成交易。

"快手小店"属于快手"麦田计划"的一部分，对于这一计划，快手电商负责人白嘉乐表示："'麦田计划'就是以'内容+社交'为驱动，打通快手电商和快手其他生态形式，更好地在电商的'人、货、场'等方面为用户赋能。'麦田'寓意快手电商就像一片麦田，经过精心地播种、培育，最终会给大家提供丰盛的收成。"这一寓意符合快手上线店铺的出发点，同时意味着对未来发展的美好期待。

"快手小店"功能背后是快手连接了淘宝、有赞以及无敌掌柜等第三方电商平台，能够帮助用户边看边买，具有丰富的选用形式。同样作为快手电商产品负责人的张海彤表示："这可以减少用户购买的步骤和等待的时间，也降低了那些不熟悉电商的用户的购物门槛。"

"快手小店"展示商品的方式是通过橱窗来进行的，而且短视频博主还可以选择在个人主页中常驻的商品，时间限度可以为一周、一月甚至是长期合作，这是为短视频博主提供变现渠道的又一功能。

不仅如此，"快手小店"还深化了商品在短视频中的展示。当用户查看短视频时，商品会在相对恰当的时机出现在用户的短视频中。而在运营和后台管理方面，"快手小店"也毫不逊色，通过快手平台便可以实现对店铺的日常管理。如果是专业的卖家，快手平台也提供开放了API接口来实现自由开发。

"快手小店"为短视频博主提供了查阅用户购物行为的渠道，以此来了解和管理粉丝的复购情况。根据行为轨迹展示以及数据分析，有助于短视频博主调整经营策略，以此来提升用户满意度，维护并且提升用户的复购情况。

店铺考验的是整体的运营能力，因此除了曝光以及转化等因素之外，售后行为更是不可忽视的环节，而快手更是致力于营造完整的流程系统，为短视频博主提供便捷的管理工具。对此，张海彤表示："快手小店关注的不仅是商品如何能更显眼地呈现出来，而是如何找到更恰当的场景，在更合适的时间点，以更有代入感的方式呈现。只有用户认可、需要的商品展示，才是有价值的，才能带来更多的成交和转换。"

当然，快手上线店铺功能也会保障消费用户的权益。快手致力于打造公平公正的商业环境，因此结合全方位要素对入驻商家的合法性进行严格审查。在产品质量上，商品描述信息、商品质量等各方面都将会被全面审核，为了保证产品品质，快手还会不定期抽检来把控质量。

短视频上线店铺功能，与电商进行结合已经是发展、变现的大趋势。用户不仅愿意消费短视频的精彩内容，也愿意通过更丰富的短视频形式来购物。因此，短视频未来的发展，值得人们期待。

## 10.1.2 实战短视频电商：不止于展示、试用的引导形式

随着产品品类以及用户结构的不断丰富，用户之间的消费分级开始显示出差距，用户的消费特征也因此而变得更为分散，传统的营销方式已经难以驱动用户进行消费。而近些年来占尽风口的短视频则开始在为电商获客、转化上占据了举足轻重的地位，以头部账号为轴心，短视频正在不断发挥营销、导流、带货等重要作用。通常情况下，短视频为电商引流、转化都是通过展示、试用的方式进行引导，而随着社交玩法的升级，短视频电商的玩法便不止于此，开始形成新的引导方式。

### (1) 展示、试用是短视频的常见导流方式

在2018年"双11"期间，美拍联合唯品会发起了"备战'11.11'只选无套

路"的活动。在活动主页，美拍用户可以通过带朋友组团的形式来免费获取"双11"期间的热销商品，也可以在平台中的评测短视频中赢取购物经验或者进行问题解答。另外，美拍选取了覆盖320多万粉丝的6位短视频博主来发放优惠券，用户点击查看视频并且点击链接便有机会获得。这一活动获得了235万的播放量，话题播放量达到400万以上，让唯品会的商品得到了有效曝光，并且实现引流与转化，如图10-3所示。

图10-3 短视频引流的展示方式

通过展示和试用的形式，短视频博主能够为商家带来较好的引流效果，这主要是由于短视频博主本身所具备的较强粉丝黏性，粉丝也会爱屋及乌，会因为喜欢这些博主的短视频内容而增强对商品的接受度。

与图文引流相比，短视频更具实用性，能够快速输出有效信息。通过展示和试用的形式，将产品多样化、高性价比、使用过程等进行具体展现，进而刺激用户的购物需求。正因为短视频强大的转化能力，即便是电商头部的阿里巴巴也在大力布局短视频内容，并以此来让用户之间分享购物心得、穿搭、使用效果等。

### (2) 短视频+社交，电商的想象不止于此

基于展示、试用的短视频博主引流是建立在社交关系的基础上构建而成的，是短视频博主通过持续产生优质内容而聚集的粉丝用户，久而久之形成的社交关系链条。而基于这种社交关系，电商平台与短视频平台进行合作，能够有效打破用户增长瓶颈，进而持续获取流量。因此，电商平台也通过多种多样的方式，邀请短视频博主为商品引导消费。比如淘宝建立了相关社区，主要围绕购物消费进行话题讨论、推荐引导等来进行，出现

图10-4　淘宝短视频引导方式

了"问答""美搭""美妆"等相关的经验分享以及推荐内容，如图10-4所示。网易考拉也搭建"种草社区"，围绕购物评测、明星推荐、必买清单等主题进行。

电商平台将短视频内容设置为集问答、长图文、长短视频于一体，能够有效解决用户在电商平台的需求，并且通过打造有吸引力的内容来延长用户的停留时间，同时提高用户黏性，促进消费，获得高转化率。

除此之外，电商平台还推出各种各样的视频社交玩法，比如阿里在"双11"之际围绕淘气值600分以上的女性用户来推出"小黑群"，通过这一玩法来设置拼单券以及红包等各种各样的奖励，激励用户"种草"商品，并且将产品、店铺等分享到好友圈中。

除了淘宝，美拍与唯品会联合推出"双11拆免单"活动也是短视频的社交玩法之一，用户通过邀请一定数量的用户组成"拆单团"，以此来免费获得热销商品，比如最受女性用户欢迎的口红、洗脸仪等。

短视频与电商的结合，可以建立在拼团、砍价、免单的引导消费方式上形成更为有创意的玩法，并且结合激励机制所具备的特点来形成社交裂变，在加强用户与商家互动的同时，还能够有效形成可观的触达收益。正因如此，"双11拆免单"活动中，美拍平台所带来的品牌曝光超过了3000万，为唯品会创造了新的用户参与方式。由此可见，除了展示与使用等基本引导方式之外，利用社交玩法来撬动消费，也是短视频电商发展的新出路。

可以预见的是，以短视频内容为基础的引导玩法是未来电商发展的趋势，而具有强社交关系的短视频平台则在其中担任起了重要角色。随着短视频的不断升级，短视频与电商之间还能形成更多的玩法，为电商带来更多的能量加持。在赋能电商的同时，短视频也获得了变现机会，短视频与电商的结合未来可期。

## 10.2 KOL创意众包背后的掘金机会

在消费升级的大趋势下，消费用户的选择越来越多，从对产品的需求也开始转向到对体验的选择，小而美逐渐成为一种追求。因此，与消费用户距离越近、交互频率越高的KOL的竞争力越强，这也正是短视频大号即将迎来的掘金机会。

### 10.2.1 短视频大号借由创意分发平台获得订单运作流程

经常刷短视频的用户可以发现，播放量高的短视频都有一个共同特点，即文案独特，这与各大平台推荐算法机制密切相关。短视频平台每天收到的标签化推荐信息不计其数，而短视频大号想要从中脱颖而出，便需要通过文案来提高分发量。

今日头条、企鹅、抖音、快手等都是使用推荐算法渠道来为用户分发内容的平台，并且越来越多的平台也开始逐渐接触这一内容分发渠道。推荐算法可以精准推算出用户的兴趣，因此为各大平台所推崇，基本流程如图10-5所示。

就目前技术的发展层面来说，机器算法虽然也能在一定程度上对图像信息进行解析，然而准确程度却不一定能够得到保证，因为短视频图像包含的维度较多，很难在视频内容中获取有效的信息，但解析文字还是轻而易举可以完成的，尤其是短视频的文案、描述、标签、分类等文字描述。因此从整体的内容发放机

图10-5 推荐算法基本流程

制上来看，文案是短视频账号获得平台准确分发的重要敲门砖。

除此之外，短视频大号还可以利用在多平台分发的推广优势来进行宣传。除了美拍、抖音等专业的短视频平台，众所周知的优酷、爱奇艺等视频软件或者是新闻、社交等媒体都能够成为短视频账号内容分发的平台。要知道，广告主在投放广告时，除了注重内容的质量以外，账号在各方面的资源运用能力也将会成为他们的考察因素，因为传播渠道关乎广告的投放效果。因此，建立在精准文案的基础上，将内容在各大平台中进行合理分发，能够有效提升自身账号的影响力，进而吸引广告主的眼球。

通常情况下，短视频账号具备了一定的人气以及影响力，加之内容策划优质，广告主便会接踵而来。在获取广告订单之后，短视频博主需要挑选符合自身短视频特质的产品进行运作，运作流程如图10-6所示。

图10-6 获得订单后的运作流程

在运作过程中，尤为需要注意的便是权衡商业化与内容质量之间的比例。在拍摄之前，广告主会与短视频博主进行充分沟通，以此来确认内容、脚本、分镜头等细节。即便确认之后，拍摄现场一般都会有广告主派来的代理，便于实际拍摄中的沟通，同时也关注拍摄的广告植入程度。而短视频博主为了长期经营，基本的内容输出不能少，因此权衡二者之间的利弊便成为重点难题，需要不断根据实际情况进行调整与运作。

## 10.2.2 垂直领域大号更有获得品牌营销订单机会

从短视频风靡开始，垂直领域大号的发展及其与品牌之间的合作状况来看，可以发现各大品牌目前与粉丝流量巨大但是身价也水涨船高的明星艺人之间的合作越来越少，同时与泛娱乐类的网红IP合作也在不断递减，反而是一些粉丝规模一般但是在某一细分领域有一定影响力的垂直型短视频大号更受到欢迎，这与其受众范围大小有关，受众范围越大，粉丝精准度越低，产生的效果越不可预估，如图10-7所示。

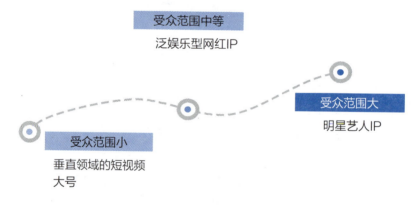

图10-7 不同类型的KOL的受众范围比较

细看之下可以发现，垂直领域的短视频大号在内容创造以及传播效果上都能够产生较好的影响，这与其独到的运营优势密切相关。他们借助短视频为用户提供有价值并且流畅的观看体验，同时又可以为用户提供更短的消费路径以及更便捷的选择方式。

因此，对于品牌而言，与其投入大量资金来与明星艺人、网红IP进行合作，不如邀请垂直领域的短视频大号来将内容精耕细作，以此来吸引更多的目标受众，获得更高的转化率以及回报率。

许多品牌已经着手进行与垂直领域的短视频大号进行合作，并且取得了相当不错的效果。比如星巴克针对健身用户研发出低卡路里的产品，而在宣传上选择Keep健身领域的短视频博主通过视频植入来引起目标受众的注意，并且宣传"低卡路里"的主题，吸引用户前来购买。对于众多品牌广告主而言，这种推广方式"物美价廉"，既能精准吸引目标受众，同时又能获得不错的性价比回报，自然更受品牌的青睐。通过比较可总结出以下内容，如表10-1所示。

表10-1 明星艺人、网红IP与垂直领域的短视频大号比较

| 比较项 | 明星艺人/泛娱乐类网红IP | 垂直类短视频大号 |
| --- | --- | --- |
| 粉丝数量 | 粉丝数量规模大 | 粉丝数量规模不及明星艺人/泛娱乐类网红IP |
| 内容创造 | ①品牌方或代理商制作，周期长，成本高；<br>②硬广为主，具有霸屏效果，但容易被排斥 | ①短视频博主拍摄，生产和优化效率高，成本低；<br>②广告语内容高度结合，创意植入极具个性化 |
| 传播效果 | 曝光率高，传播范围广 | 受众精准，在垂直领域传播效果好，曝光率低 |
| 效果评估 | 转化率低或者不易评测 | 搭配电商的转化率较高，并且容易评测 |
| 代表 | 明星、网红 | 专业人士 |

我国的媒体环境是多元化的，用户在碎片化的时间内接收大量的信息，让营销发展陷入瓶颈。仅仅依靠投放品牌广告来覆盖目标受众是难以实现的，需要针对当前环境来获取碎片化、垂直化、及时性的营销渠道，才有机会在众多营销信息中脱颖而出。而垂直类短视频大号给品牌提供了新的选择，这种精细化运营方式也必将成为营销的发展趋势。根据美拍提供的报告可知，目前垂直类短视频大号内容创作正在往精细化运营方向发展，如图10-8所示。

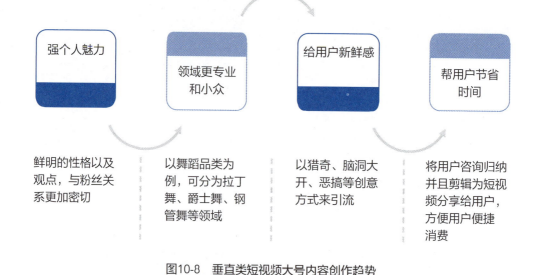

图10-8　垂直类短视频大号内容创作趋势

虽然垂直类短视频大号的粉丝规模无法与明星艺人、网红IP进行比较，但相对而言，粉丝会觉得垂直类短视频大号更接地气，他们之间的关系也因此而更加亲密，基于同一兴趣、爱好等出发点来探讨的内容也会有深度，探讨频率更高，这都是高转化的基本前提，同时也是促进品牌与消费用户之间沟通的有效渠道。

另外，垂直化营销虽然获得不错的效果，但是垂直类短视频大号以及品牌都需要寻找质与量之间的平衡，也就是如何在高质量的内容的基础上获得高曝光率，这便要求品牌建立一套完善的头部账号筛选标准体系，以此来帮助品牌实现营销目标。